Steffen Bauer • Kirche der Menschen

Steffen Bauer

Kirche der Menschen

zuversichtlich, mutig, beidhändig ermöglichen

2. Auflage

hartmut spenner oer-erkenschwick 2022

Bibliografische Information der Deutschen Bibliothek

Die Deutsche Bibliothek verzeichnet diese Publikation in der Deutschen Nationalbibliografie; detaillierte bibliografische Daten sind im Internet über https://portal.dnb.de abrufbar.

Die Druckvorlage wurde vom Verfasser als reprofähiges Dokument zur Verfügung gestellt.

Verlag Hartmut Spenner
Inh. Marco Augustin
Ludwigstr. 89, 45739 Oer-Erkenschwick
www.hartmutspenner.de

ISBN 978-3-89991-258-6

Printed in Germany 2022

Einleitung

Wer wie ich zu den Babyboomern aus Westdeutschland kommend zählt, der erlebt es in seiner eigenen Familie: den Wandel der Gesellschaft. Unsere Eltern, mehrheitlich in den zwanziger, dreißiger Jahren des letzten Jahrhunderts geboren und meist aus „einfachen“ Verhältnissen stammend, hatten das Ziel, dass ihre Kinder es mal besser haben sollten. In meiner Generation der Ansturm aufs Gymnasium, die Möglichkeit eine gute Ausbildung zu bekommen, immer in großer Zahl unterwegs und nun (fast) am Ende der Berufstätigkeit angelangt; und unsere Kinder, noch mehr akademisch ausgebildete Personen darunter, die einen eher kosmopolitisch ausgerichtet, aber auch viele junge Menschen, die sich abgehängt fühlen, die immer schon und nun noch stärker von Armut bedroht und betroffen sind. Die Soziologen beschreiben den Wandel unserer „spätmodernen“ Gesellschaft, in der Kirche erleben wir ihn hautnah. Oft genug erleiden wir ihn vor allem: die Austrittszahlen steigen (mittlerweile in ungeahnte Höhen), die traditionellen Formen wie der Sonntagsgottesdienst werden immer weniger besucht, Gruppen und Kreise altern und schrumpfen oft genug. An vielen Stellen sind die Veränderungen im Bindungs- und Beziehungsverhalten, in der Art zu leben und zu arbeiten, miteinander zu kommunizieren, sich zu informieren, sich zu beteiligen zu spüren.

Längst wird auf diese Entwicklungen reagiert. In fast allen Landeskirchen laufen Veränderungsprozesse, wird intensiv über die Zukunft nachgedacht. Vor über einem Jahr habe ich begonnen, sieben (vor allem westdeutsche) Landeskirchen in ihren Veränderungsprozessen miteinander zu vergleichen. Wer geht wie vor? Was ist ähnlich? Was ist voneinander verschieden? Welche Erkenntnisse lassen sich daraus ableiten? Mittlerweile mache ich mich zweimal im Jahr ans Werk, um die neuesten Entwicklungen vor allem aus den jeweiligen Synoden zusammenzufassen und neu miteinander ins Gespräch zu bringen.

Wenn ich mir die jeweiligen Zwischenergebnisse anschaue, dann veranlasst mich das dazu, auf den folgenden Seiten drei Grundgedanken darzustellen:

1.) Kirche hat Zukunft und sie hat längst begonnen. Jenseits dessen, was allein in den Händen Gottes liegt und wir nicht steuern, sondern nur empfangen können, sind längst viele, sehr viele mutig unterwegs, Kirche anders, Kirche neu zu leben und zu denken. Ich sehe eine wunderbare „Kirche der Menschen", die an vielen Orten davon geprägt ist, dass Haupt- und Ehrenamtliche fragend und hörend unterwegs sind und viele, ganz viele Menschen einbeziehen und vor allem auch selber machen lassen. Diese neue Subjektorientierung nimmt den stärker gewordenen Wunsch nach Selbstwirksamkeit vieler Menschen auf und spiegelt damit die „Gesellschaft der Singularitäten" (Andreas Reckwitz). Für mich stellt sie aber vor allem ein hoffnungsvolles Leben des Priestertums aller Getauften und Gläubigen dar und verändert Kirche schon jetzt. Es gibt gerade deshalb viele Gründe, zuversichtlich in diese Zukunft zu blicken. Darauf möchte ich im Folgenden mein Augenmerk fröhlich richten.
2.) Zeiten der Veränderungen erfordern Mut. Neues will kommen und Vertrautes muss gehen. Vieles ist ungewiss. Aber Zögern und Zaudern hilft nicht, ganz im Gegenteil. Mut ist gefragt – von allen Beteiligten. Das zu betonen, ist mir an zweiter Stelle wichtig.
3.) Denn es gibt ja auch die andere Seite. Der Handlungsdruck auf die Organisation Kirche wächst. Die Aufarbeitung des sexuellen Missbrauchs wird von vielen zu Recht nach wie vor als sehr unbefriedigend erlebt und das schwächt die Glaubwürdigkeit und das Vertrauen in die beiden großen Kirchen enorm. Die Austrittszahlen nehmen Ausmaße an, die vor kurzem noch unvorstellbar waren. Die wirtschaftlichen und sozialen Verunsicherungen und Notlagen nehmen weiter zu und auch das könnte sich in den Austrittszahlen verstärkt bemerkbar machen. Und die Klimakatastrophe

wird zu einer weiteren Nagelprobe in die Glaubwürdigkeit der Kirchen. Stimmt das (schon jahrzehntelange wichtige) Reden von der Bewahrung der Schöpfung mit dem Handeln der Organisation Kirche im eigenen Bereich überein? Und jenseits von all diesen aktuellen Fragen ist zu spüren, wie die Weitergabe des Glaubens, die Weitergabe von Ritualen und Traditionen unseres Glaubenslebens immer weiter abnimmt. Die Gleichgültigkeit gegenüber Gott, Glaube, Kirche scheint zuzunehmen. Ja, und dann nehmen unsere Ressourcen offenbar ab. Die Zahl der Pfarrer*innen geht besonders deutlich zurück und der Fachkräftemangel macht sich überall bemerkbar. Ein Umbau der gesamten Organisation Kirche ist notwendig. Bei der Balance zwischen dringend notwendiger Innovation und behutsamer Fortentwicklung hilft die Gedankenwelt der Ambidextrie, der Beidhändigkeit. Auch dies soll im Folgenden entfaltet werden.

Gerne stehe ich dazu, dass mich dabei auch die Ungeduld treibt. Mit jedem weiteren Jahr gehen der Organisation Kirche Ressourcen verloren, nehmen Möglichkeiten der eigenen Gestaltung ab, schreitet die Digitalisierung unserer Gesellschaft schneller voran, verändert sich die Gesellschaft insgesamt weiter. Die Pandemie hat Prozesse ebenfalls beschleunigt. Es gibt keinen Grund zum Warten. Aus meiner Sicht gilt es, „Kirche der Menschen" zuversichtlich, mutig und beidhändig zu entwickeln und zu leben und sich dabei nicht von empirischen und soziologischen Untersuchungen entmutigen zu lassen, sondern theologisch begründet hoffnungsvoll in die Zukunft dieser „Kirche der Menschen" zu schauen und sie jetzt schon weiter zu gestalten.

Die 30 Kernaussagen im Überblick

1.) In der „Kirche der Menschen“ sind alle Getauften Subjekte kirchlichen Handelns. (Teil 1.1)
2.) In der „Kirche der Menschen“ wird die Subjekt-Objektspaltung abgelöst durch ein (neues) „Wir“. (Teil 1.1)
3.) In der „Kirche der Menschen“ lebt das Priestertum aller Getauften. (Teil 1.2)
4.) Beim Priestertum aller Getauften geht es vorrangig um eine Zusage, um eine Stärkung, um das Herausheben eines Vermögens des Menschen, das uns von Gott her zukommt. (Teil 1,2)
5.) Diese Neubesinnung auf das Priestertum aller Getauften führt dazu, vielen Menschen mehr zuzutrauen und sich selber als ehren- oder hauptamtlich tätige Person in der Kirche weniger zuzumuten. (Teil 1.2)
6.) Diese „Kirche der Menschen“ lebt schon an vielen Orten. (Teil 1.3)
7.) Gott macht die Menschen zu Empfangenden von Lebens-, Glaubens- und Gotteserfahrungen. Wie die Menschen damit umgehen, wie sie z. B. ihre Taufe leben, ob und wie sie sich beteiligen, binden, ob sie erzählen, mitfeiern, all dies liegt ganz bei ihnen und das gilt es zu respektieren und wertzuschätzen. (Teil 1.4.1)
8.) Weil Gott die Menschen zu Empfangenden von Lebens-, Glaubens- und Gotteserfahrungen macht, ist auszugehen von der Überzeugung, dass alle einen Schatz an Erfahrung in sich tragen. (Teil 1.4.1)
9.) Kirche ereignet sich. (Teil 1.4.1.)
10.) Zutrauen und Vertrauen bilden die Grundlage. Allen wird viel zugetraut und allen wird vertraut. Nicht die einen wissen es schon und „die Anderen“ müssen davon nur noch überzeugt werden. Nicht die einen können es schon und müssen „die Anderen“ anleiten oder gar belehren. Nicht „die Anderen“ sollen so werden wie man selbst. (Teil 1.4.1.)

11.)Das alles macht Mitgliederorientierung aus.

12.)In der „Kirche der Menschen“ wird die Selbstwirksamkeit aller gestärkt und in dem Bewusstsein gelebt, letztlich „nur“ unverfügbare „Resonanzachsen“ (Hartmut Rosa) einer gelingenden Weltbeziehung ermöglichen zu können. (Teil 1.4.2)

13.)In der „Kirche der Menschen“ bildet sich die „Gesellschaft der Singularitäten“ (Andreas Reckwitz) mit all ihren Chancen, Herausforderungen, aber auch Gegensätzen ab. (1.4.3)

14.)Es ist aus theologischer Sicht nicht möglich, als Kirche nicht gemeinwesenorientiert unterwegs zu sein. Es gehört zum Kirche-Sein wesentlich dazu. (Teil 1.4.4)

15.)„Kirche der Menschen“ ereignet sich im Tun, im Handeln, im Bezeugen dessen, was man glaubt und ist nicht an äußeren Mitgliedschaftsmerkmalen festzumachen. Die alten Kategorien von „drinnen – draußen“ werden abgelöst. (Teil 1.4.5)

16.)In der „Kirche der Menschen“ existieren ganz viele Kirchen- und Gemeindebilder nebeneinander. (Teil 1.4.6)

17.)„Kirche der Menschen“ wächst mit dem Annehmen und Erlernen von bestimmten Haltungen. (Teil 1.4.6)

18.)Alle Getauften leben, handeln, feiern und erzählen als Teil von Kirche und damit als Subjekte kirchlichen Handelns an allen Orten, zu allen Zeiten, mit jedem Kommunikationsmedium ihren Glauben so, wie Gott und Glaube in ihren Erfahrungswelten aufleuchten. (Teil 1.5)

19.)„Kirche der Menschen“ ist neugierig auf die Erfahrungswelten anderer Religionen. Der Austausch und das Zusammensein mit Menschen anderer Religionen und mit Menschen, die „religiös unmusikalisch“ sind, bereichert und fordert heraus. (Teil 1.5)

20.)„Kirche der Menschen“ hält die Ungewissheit über den Weg der sichtbaren Kirche aus und vertraut Gottes Zusagen. (Teil 1.6)

21.)„Kirche der Menschen“ ist mutig, indem sie sich den Realitäten einer sich verändernden Gesellschaft stellt, Vertrautes hinter sich lassen kann, Ungewissheiten eingesteht und ins immer stärkere Ausprobieren und Erkunden geht. (Teil 2)

22.)Ambidextrie, Beidhändigkeit, bedeutet sowohl Innovation als auch Beständigkeit in der Organisation Kirche zu leben. (Teil 3.1)

23.)Jetzt müssen Glaubwürdigkeitsdefizite der Organisation Kirche überzeugend angegangen werden. (Teil 3.2 und 3.3)

24.)Transformation und Ressourcensteuerung gleichzeitig zu tun, sind die noch ungelösten Aufgaben. (Teil 3.4)

25.)Ambidextrie, Beidhändigkeit, will gerade auch von Leitungen auf allen Ebenen eingeübt werden. (Teil 3.4.4)

26.)Ohne Exnovation, Herausführen von Bestehendem, gibt es keine Innovation. (Teil 3.5)

27.)Größer und gemeinsam gabenorientiert zu denken, zu handeln, zu arbeiten, schafft neue Möglichkeiten für alle(s). (Teil 3.6 und 3.7)

28.)Der neue „Raum“ ist: digital und überall. (Teil 3.8)

29.)Wie in der Region, so im ganzen Land: Landeskirchen vereinen sich „bald“ und wirken deshalb sofort umfassend zusammen. (Teil 3.9)

30.)Die „Kirche der Menschen“ löst „Volkskirche“ ab. (Teil 3.10)

Teil 1: Kirche der Menschen zuversichtlich ermöglichen

1.) „Kirche der Menschen“: Alle Getaufte sind Subjekte des kirchlichen Handelns.

Am 27.September 2020 habe ich auf Twitter folgenden Tweet geschrieben:

„Es ist keine Entgegensetzung, aber aus Bonhoeffers "Kirche für die Menschen" muss mehr und mehr eine "Kirche mit den Menschen" werden. Das ist eine große Veränderung der Haltung.“[1]

Daraufhin antwortete u.a. Thomas Renkert, wissenschaftlicher Mitarbeiter am Diakonie-Wissenschaftlichen Institut in Heidelberg, noch am selben Tag mit den Worten:

„Oder sogar Kirche DER Menschen."[2]

---

[1] @EhrenamtBauer vom 27.9.2020. Mir war wohl bewusst, dass Bonhoeffer es in „Widerstand und Ergebung“ so ausgedrückt hat: „Die Kirche ist nur Kirche, wenn sie für andere da ist. Um einen Anfang zu machen, muß sie alles Eigentum den Notleidenden schenken. Die Pfarrer müssen ausschließlich von den freiwilligen Gaben der Gemeinden leben, evtl. einen weltlichen Beruf ausüben. Sie muß an den weltlichen Aufgaben des menschlichen Gemeinschaftslebens teilnehmen, nicht herrschend, sondern helfend und dienend. Sie muß den Menschen aller Berufe sagen, was ein Leben mit Christus ist, was es heißt, „für andere dazu sein“. Speziell wird unsere Kirche den Lastern der Hybris, der Anbetung der Kraft und des Neides und des Illusionismus als den Wurzeln allen Übels entgegentreten müssen. Sie wird von Maß, Echtheit, Vertrauen, Treue, Stetigkeit, Geduld, Zucht, Demut, Genügsamkeit, Bescheidenheit sprechen müssen. Sie wird die Bedeutung des menschlichen „Vorbildes (das in der Menschheit Jesu seinen Ursprung hat und bei Paulus so wichtig ist!) nicht unterschätzen dürfen; nicht durch Begriffe, sondern durch „Vorbild“ bekommt ihr Wort Nachdruck und Kraft“, Bonhoeffer, Widerstand, S. 560f.

Diese Bemerkung hat mich nicht mehr losgelassen: „Kirche der Menschen“. Für mich bleiben dabei die Vorstellungen von „Kirche für andere“, oder „Kirche mit anderen“ richtig. Wohl aber wird ein Denken und Handeln in Gegenüberstellungen wie „wir“ und „die“, „Aktive“ und „Passive“, „Kerngemeinde“ und „Fernstehende“, „Anbietende“ und „Konsumierende“, Subjekte und Objekte, „Haupt-, Ehrenamtliche“ auf der einen und „Mitglieder“ (und Nicht-Mitglieder) auf der anderen Seite abgelöst.

In der „Kirche der Menschen“ gibt es diese Abstufungen, diese Unterscheidungen nicht. Alle sind Teil von Kirche und leben ihren Teil so, wie sie es jeweils für sich in der eigenen Lebensphase als angemessen empfinden.

Die „Kirche der Menschen“ erlaubt einen differenzierteren Blick auf die sichtbare Kirche und wer darin wie handelt. In der Praxis vor Ort sehen wir Haupt- und Ehrenamtliche der Kirche, die der großen Mehrzahl an Mitgliedern vermeintlich gegenüberstehen. Ziel dieser Haupt- und Ehrenamtlichen ist es, sich Angebote auszudenken und anzubieten, die „die Anderen“ dann wahrnehmen mögen. Die einen werden damit gewollt oder nicht gewollt zu den Aktiven und tragen das Bild in sich, dass „die Anderen“ doch bitte auch zu Aktiven werden mögen.

Man kann sich diese Aufspaltung sehr schön klarmachen, wenn man sich vor Augen hält, wie Eberhard Hauschildt in einem Viererfeld die Zusammenarbeit von in der Kirche Tätigen beschreibt. Ausgangspunkt ist für ihn, dass die klassische Gegenüberstellung von „allgemeines Priestertum“ und „ordiniertes Amt“ Kirche in unserer Gegenwart nur unzureichend abbildet.

---

[2] Thomas Renkert: @thomasrenkert@scholar.social vom 27.9.2020

Deshalb ergänzt er diese Dualität durch die Aufnahme von „Ehrenamt“ und „Berufstätige“ (in der Kirche) und hat damit dann dieses Viererfeld[3].

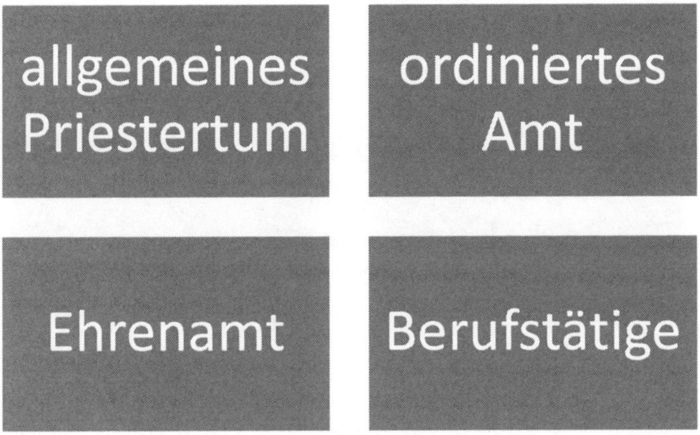

Geht man nun von diesem Viererfeld aus, so muss man zunächst feststellen, dass vor allem in der Praktischen Theologie die Aussagen über das ordinierte Amt dominieren[4], das Ehrenamt in den letzten Jahren stärkere Berücksichtigung findet[5] und seit kurzem verstärkt die anderen Professionen in der Kirche zurecht in das Blickfeld rücken. Und was ist mit dem Priestertum aller Getauften? Konkret gesprochen: Die vergleichsweise wenigen tausend im Predigtamt tätigen Personen bestimmen sehr viele Forschungs- und Diskussionsbeiträge, die immerhin rund 1 Million im Raum der Evangelischen Kirche in Deutschland ehrenamtlich Tätigen viele, die anderen Professionen holen langsam auf, aber sind noch deutlich unterrepräsentiert und die daneben knapp über 18 Millionen weiteren Mitglieder des Priestertums aller Getauften und nicht ausgetretenen Menschen? Was ist mit ihnen?

---

[3] Hauschild, Eberhard: Kirchliche Strategie, S. 13

[4] Siehe unter 2.) hier, S. 33ff

[5] Dies betont stellvertretend für viele Stimmen u.a. Uta Pohl-Patalong z. B. in: Kirche gestalten, S. 167ff

Zudem legt dieses Viererfeld in dieser Anordnung eine Subjekt-Objekt-Spaltung, ein Denken in „wir“ und „die Anderen“ nahe, denn oft genug wird mit diesen vier Feldern folgendes Aktivitätsprofil verbunden:

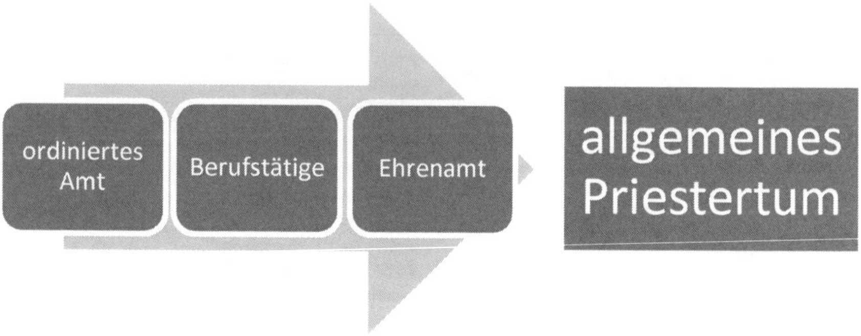

Besonders deutlich wird die hier dargestellte Bezogenheit bei Michael Herbst, der das allgemeine Priestertum unterteilt in:

- „ordnungsgemäß Berufene (Haupt und Ehrenamtliche),
- Hauptamtliche in diversen Berufen,
- Ehrenamtliche zwischen Kaffee und Telefonseelsorge und
- die gerade nicht Aktiven.“[6]

Menschen aus drei Feldern sind aktiv und diese Aktivitäten erzielen Wirkung, wobei wichtig ist, dass die meisten Angebote für alle auch für Menschen außerhalb des allgemeinen Priestertums offen sind. Alle sind willkommen und tatsächlich kommen ja auch viele. Ich möchte hier einige Zahlen in Erinnerung rufen und beziehe mich dabei auf die offizielle EKD Statistik aus dem Jahr 2019, dem letzten vorpandemischen Jahr.

[6] Herbst, Gründerpersönlichkeiten, S. 20

„Im Laufe des Jahres 2019 wurden in Deutschland an Sonn- und Feiertagen 935.000 Gottesdienste gefeiert, darunter etwa 148.000 Kindergottesdienste. Das entspricht pro Sonn- und Feiertag rund 15.000 Gottesdiensten. Im Jahr 2019 besuchten rund 683.000 Menschen im Schnitt jeden Sonntag einen evangelischen Gottesdienst.

Außerdem verfolgten durchschnittlich 0,7 Millionen Christ:innen mit einem Marktanteil von 6,6 Prozent die sonntäglichen Übertragungen evangelischer und ökumenischer Gottesdienste im Fernsehen. Hinzu kamen die Besuche in den unzähligen Gottesdiensten in Senioreneinrichtungen oder Krankenhäusern.“[7]

Ich empfinde diese Zahlen als nach wie vor beachtlich, aber natürlich hat die Pandemie auch vorher schon längst wahrnehmbare Veränderungen z. B. im Gottesdienstbesuch verstärkt. Man wird sehen, ob und wie das Leben mit dem Virus zu weiteren deutlichen Verhaltensveränderungen im Besuch von analogen Veranstaltungen führt. Gleichzeitig haben viele Kirchengemeinden eine durchaus steile Lernkurve im Anbieten digitaler Formate hingelegt und reagieren damit schon auf diese Veränderungen im Teilnahmeverhalten. An den 2019er-Zahlen ist allerdings schon sehr auffallend, dass die Sehbeteiligung aller interessierten Personen an den Fernsehübertragungen mit 700.000 Menschen genauso hoch war wie die durchschnittliche Teilnahme an 15.000 evangelischen Gottesdiensten an jedem Sonntag. Ohne das Eine gegen das Andere ausspielen zu wollen, stellt sich die Frage: Was brauchen die Subjekte, was wollen die Menschen, welche Angebote nutzen sie und was heißt dies auch für den Ressourceneinsatz?[8]

---

[7] EKD-Statistik: Gottesdienst Zahlen Daten – EKD, zuletzt aufgerufen am 27.8.22

[8] Spannend ist, dass die Fernsehgottesdienste zu Beginn des „harten“ Lockdown im Frühjahr und an Ostern 2020 ihre Quote verdoppeln konnten. Of-

Gleichwohl: die Angebote vor allem der Kirchengemeinden innerhalb der Evangelischen Kirche in Deutschland sind beeindruckend.

2019 besuchten rund 1,3 Millionen Menschen regelmäßig einen der 118.000 Kreise, die von den damals etwa 13.000 Kirchengemeinden auf dem Gebiet der EKD angeboten wurden.

„Besonders beliebt waren das gemeinsame Singen und Musizieren in den Kirchen- und Posaunenchören, ebenso die geselligen Seniorenclubs und Frauentreffen. Viele Gemeinden luden mit guter Resonanz auch zu Bibelkreisen oder theologischen Gesprächsgruppen ein.“[9]

Die Kindertagesstätten und Horte boten Plätze für über 600.000 Kinder und Jugendliche an. 632 allgemeinbildende Schulen stehen in evangelischer Trägerschaft und die Erwachsenenbildung hat 2019 bei ihren fast 110.000 Veranstaltungen über 2 Millionen Teilnehmende gezählt[10]. Auf keinen Fall will ich das Feld der Diakonie vergessen, die alleine 1 Million Plätze in fast 20.000 stationären und teilstationären Einrichtungen anbietet, und zwar ganz stark in der Altenhilfe, der Behindertenhilfe, der Krankenhilfe, der Kinder- und Jugendhilfe. Dazu stehen 9000 Beratungsstellen den Menschen offen.

Die drei „Gruppen“, also die Berufstätigen aller Professionen, die Ehrenamtlichen und das ordinierte Amt finden Resonanz, ermöglichen und bauen Bindungen und Beziehungen auf, helfen und unterstützen.

---

fenbar sind tatsächlich viele Gottesdienstbesucher*innen zu ihnen gewechselt, um Gottesdienst feiern zu können. Vergl.: https://www.quotenmeter.de/n/117519/doppelte-reichweite-wegen-corona-tv-gottesdienste-um-ostern-vor-millionen, zuletzt aufgerufen am 1.10.22

[9] EKD-Statistik: Gemeindeleben – EKD, zuletzt aufgerufen am 27.8.22

[10] EKD-Statistik: Erziehung – EKD, zuletzt aufgerufen am 27.8.22

Gerade in einer „Kirche der Menschen“ ist mir wichtig, die Bedeutung und die Wertschätzung für diese Arbeit herauszustellen. Jede Teilnahme an solch einem Angebot, jedes Mitfeiern eines Menschen in einem Gottesdienst, jede Inanspruchnahme des diakonischen Handelns usw. ist eine Bestätigung, dass es genau so gewollt, gebraucht und benötigt wird von vielen Subjekten der Kirche und Menschen in unserer Gesellschaft.

Mir ist auch wichtig, dass es innerhalb dieser Statistik aus dem Jahr 2019 und damit auch und vor allem auf der Ebene von Kirchengemeinden neben bestehenden, bewährten und lange eingeübten Angeboten schon ganz viele innovative Formen von Kirche gab und gibt. Die „Kirche der Menschen“, so wie ich sie verstehe und hier stark machen möchte, lebt an vielen Orten, in vielen Gemeinden und Einrichtungen schon längst.

Gleichfalls möchte ich aber betonen, dass die Organisation mit diesem Angebot so nicht weitermachen kann, weil die Ressourcen deutlich weniger werden und dabei sehe ich vor allem den deutlichen Rückgang an Pfarrer*innen und den Fachkräftemangel in nahezu allen Bereichen unserer Gesellschaft. Und ich möchte betonen, dass mit diesem Angebot so auch nicht einfach weitergemacht werden sollte. Auch in nicht wenigen innovativen Aufbrüchen finden wir wie in vielen eher traditionelleren Angebotsstrukturen ein sehr starkes Denken in Subjekten auf der einen und Objekten auf der anderen Seite. Dieses Subjekt-Objekt Denken führt aber meiner Wahrnehmung nach zu einer maßlosen und sich steigernden Überforderung und zugleich zu einer massiven Kränkung auf Seiten der vermeintlich Verantwortlichen und Engagierten in den linken drei Feldern, also beim ordinierten Amt, bei Ehrenamtlichen und bei Berufstätigen. Gefühlt sollen nämlich immer weniger Aktive sich immer mehr Angebote ausdenken und müssen erleben, dass dennoch immer mehr Menschen durch Passivität oder/und Gleichgültigkeit oder gar Kirchenaustritt der

Organisation Kirche vermeintlich oder tatsächlich den Rücken zuwenden. Zum Vergleich: Im Jahr 2010 gab es eben über 4 Millionen evangelische Kirchenmitglieder mehr als 2021 und der durchschnittliche Gottesdienstbesuch im Jahr 2010 lag um 200.000 höher als im Jahr 2019.

Wenn für mich also auf der einen Seite bleibend gilt, dass Subjekte der „Kirche der Menschen" zu einem guten Teil genau diese Angebote brauchen und wollen und nutzen, die es (z.T. schon lange) gibt, so gilt auch, dass es weniger werden, die ihr Subjektsein in der Kirche so leben. Laut der letzten Kirchenmitgliedschaftsuntersuchung sind „schon rein statistisch – Prozesse des Rückgangs religiöser Praxis und kirchlicher Bindung nicht zu übersehen."[11] Immer mehr Menschen stehen der Kirche und Glaubensinhalten gleichgültig gegenüber, immer weniger Menschen lassen sich an Gemeinde und Kirche längerfristig binden. Der gesellschaftliche Umbruch ist vehement. Das ist die eine Entwicklung. Es gilt aber auch, dass bei denjenigen, die sich kirchlich engagieren, diese Zugehörigkeit, dieses Engagement ausdrücklich bejaht wird[12].

Auf der einen Seite hat die letzte Untersuchung also deutlich gemacht, dass Engagement und Verbundenheit bei einem Teil der Kirchenmitglieder wächst, auf der anderen Seite aber wächst auch die Indifferenz, die Gleichgültigkeit, nimmt das Leben in und mit religiösen Ritualen ab, und zwar sowohl bei Kirchenmitgliedern als auch besonders stark in der Gesellschaft insgesamt.

Besonders wichtig für eine „Kirche der Menschen" sind die folgenden Sätze von Jan Hermelink und Birgit Weyel in ihrer Betrachtung der wesentlichen Ergebnisse der letzten Kirchenmitgliedschaftsuntersuchung:

---

[11] Vergl. Hermelink, Weyel, KiMu, S. 31
[12] Vergl. ebenda

„Insgesamt ist die religiöse Praxis in Beziehung auf die Kirche als Institution offenbar durch ein spannungsvolles Mit- und Nebeneinander von Konventionen und Entschiedenheit, von gemeindlicher Zugehörigkeit und Distanz, von parochialer Persistenz und punktuell-selektiver Teilnahme an –Gemeinden auf Zeit-, von sozialem, auch religiös imprägniertem Engagement – bei Gelegenheit – geprägt. Es ist und bleibt die Aufgabe der kirchlichen Organisation dieses plurale, in sich vielfältige Nebeneinander zu verbinden und immer wieder neu zu vernetzen.“[13]

Meine Frage ist, ob genau dies geschieht? Meine eigene Wahrnehmung dazu ist, dass diese Verschiedenheiten nach wie vor viel zu wenig beachtet werden.

Ebenfalls in Aufnahme der Erkenntnisse der Kirchenmitgliedschaftsuntersuchung betont Christian Fechtner die Bedeutung des „diskreten Christentums“ neben dem „plausiblen Anliegen“ der Kirche „in vielen Aktivitäten, dazu beizutragen, dass Menschen in ihrem persönlichen Glauben entschiedener, erkennbarer und auskunftsfähiger werden.“[14] Fechtner macht daneben Menschen als Subjekte der Kirche stark, die „als Kirchenmitglieder Zugehörigkeit damit verbinden, Abstand zu halten.“[15]

Für mich entscheidend sind seine weiteren Beobachtungen:

„Für Kirche und Theologie ist ein sich unbestimmt haltendes und distanziert gelebtes Christentum nicht gut erträglich, auch wenn Festtagskirchgängerinnen, Kasualchristen und Gelegenheitsreligiöse längst rehabilitiert worden sind. Akzeptanz gefunden haben sie aber vornehmlich aus religionssoziologischen Gründen und aus kirchentheoretischer Einsicht. Im theologischen Selbstbild der Kirche und in

[13] Ebenda
[14] Fechtner, Diskretes Christentum, S. 174
[15] Fechtner, Diskretes Christentum, S. 173

der kirchlich-religiösen Vorstellung eines bewusst gelebten Christseins jedoch kommen sie nicht recht unter."[16]

Auch Hermelink und Weyel halten fest, dass Verantwortliche in der Kirche die in der Kirchenmitgliedschaftsuntersuchung erfragten Perspektiven der Kirchenmitglieder ganz anders wahrnehmen und berücksichtigen sollten und schlussfolgern, dass die jeweils eigenen „stark normativen Bilder von Kirchenmitgliedschaft in Wissenschaft und Kirche" daraufhin produktiv zu hinterfragen seien.[17]

In Aufnahme dieser Aussagen ist es mir wichtig, zu einem Verständnis von „Kirche der Menschen" zu kommen, das von der Haltung geprägt ist, dass alle Getauften Subjekte kirchlichen Handelns sind. Sie, die Menschen, bestimmen Nähe und Distanz zu den Angeboten von Kirchen und Gemeinden. Sie definieren ihre Art der Kirchenmitgliedschaft und leben diese auf unterschiedliche Weise.

Aus den letzten Zitaten wird aber deutlich, dass sich dies vielfach mit vorhandenen Bildern von Kirche bei den Ehrenamtlichen, den Berufstätigen und dem ordinierten Amt stößt. Bei den Engagierten weiß man oftmals, wie Gemeinde und Gemeinschaft zu leben ist und wie Bindungen an die Gemeinde aussehen sollen. Wie oft ist der (verständliche) Wunsch zu hören, dass z. B. Jugendliche nach ihrer Konfirmation nahtlos für die aktive und hoffentlich auch dauerhafte Mitarbeit in der Gemeinde gewonnen werden sollten. Und die Tatsache, dass dies häufig nur für wenige Konfirmand*innen zutrifft, wird dann mit Sätzen beschrieben, dass man die meisten Jugendliche nicht in die Gemeinde hinein, sondern eher aus den Gemeinden heraus konfirmiere[18]. So empfinden das viele kirchlich Engagierte: „drinnen" ist man, wenn

---

[16] Fechtner, Diskretes Christentum, S. 174
[17] Hermelink, Weyel, KiMu, S. 32
[18] Vergl.: Selber machen statt auswendig lernen – EKD, zuletzt aufgerufen am 7.10.22

man aktiv, am besten regelmäßig und dauerhaft am Gemeindeleben teilnimmt. Das aber trifft bei vielen Mitgliedern der Kirche ihr eigenes Verständnis von Kirchenmitgliedschaft nicht. Genauso kann man die Erwartung hören, dass doch die jetzt in Rente und Ruhestand gehenden Babyboomer ihre freie Zeit nutzen mögen, um sich in der Gemeinde, in der Kirche zu engagieren. Die oftmals unausgesprochene Erwartung hinter diesen Einzelwahrnehmungen lautet, dass „andere" so werden sollen wie „wir", die schon Aktiven. Sie, die „Anderen" sollen sich hineinnehmen lassen in bestehende Strukturen, Abläufe und Traditionen, die vielfältig schon bestehenden Beteiligungsmöglichkeiten nutzen und sich freuen, ein möglichst intensiv lebender Teil der Gemeinschaft, der Institution, der Organisation zu werden.

„Erfolgreich" ist man als Gemeinde und Kirche dann, wenn man viele Teilnehmende in Gottesdiensten und allen weiteren kirchlichen Aktivitäten zählen kann. Noch besser ist es, wenn sich möglichst viele als Ehrenamtliche in das (aktive) Leben einer Gemeinde möglichst dauerhaft einbinden lassen. Dieser Zielrichtung liegen übrigens sowohl Ansätzen zugrunde, die bei der Suche nach Ehrenamtlichen stark von den Bedürfnissen und Notwendigkeiten der Gemeinde ausgehen und vor allem fragen „Für welche (bestehende) Aufgabe oder welches Amt brauchen wir Mitarbeitende, ehrenamtlich Engagierte?", als auch vom gabenorientierten Ansatz, den z. B. Silke Obenauer vertritt. Der ehemalige Landesbischof von Baden, Dr. Ulrich Fischer, beschreibt im Geleitwort zu ihrem Werk „Gottes bunte Gnade" die Stärke dieses Ansatzes zu Recht mit folgenden Worten:

„Nicht die aus kirchlicher Sicht zu erledigenden Aufgaben oder etwaige Lücken in der Mitarbeit stehen im Vordergrund, sondern die Interessen und Begabungen, die Menschen mitbringen. Die Aufgabe der hauptamtlich in Kirche und Gemeinde Mitarbeitenden besteht darin, Menschen bei der Entdeckung ihrer Gaben zu unterstützen und zu fördern. Durch diese Blickrichtung entsteht eine neue Situation, bei der beide Seiten gewinnen können: Menschen, die in Kirche und Gemeinde ehrenamtlich mitarbeiten möchten, werden gemäß ihrer Gaben gefördert und zur Mitarbeit befähigt. Hauptamtliche Mitarbeitende können sich mehr der kontinuierlichen und verlässlichen Wahrnehmung ihrer pastoralen Aufgaben widmen. Auf diese Weise geschieht auch die Leitung der Gemeinde nicht mehr hierarchisch, sondern durch ein konziliares Miteinander."[19]

Dieser gabenorientierte Ansatz setzt beim Subjekt an. Das ist rundum zu begrüßen. Und er birgt wunderbare Möglichkeiten, dass mehr und andere Menschen zu ehrenamtlich Tätigen werden und somit aus der Masse des allgemeinen Priestertums heraus, oder gar neu zu ihm hinzukommend, zu Beteiligten, zu Mitmachenden werden. Dieser Ansatz verändert Gemeinde. Und genauso sollte Gemeindeleitung initiativ werden, wenn sie genau dieses Ziel verfolgt: Menschen zur Mitarbeit, zum Engagement zu motivieren. Dieser gabenorientierte Weg stellt eine bedeutsame Innovation dar. Die gesamte Teamer*innenarbeit in Bezug auf den Konfirmandenunterricht stützt diesen Ansatz exemplarisch. Je stärker Jugendliche selbst wirksam werden können, umso größer sind ihre Zufriedenheit und ihre Bereitschaft sich in diesem Bereich zu engagieren. Das lässt sich bis in der Beurteilung der Gottesdienste hinein belegen: Wenn Jugendliche in Gottesdiensten sich als selbstwirksam erleben, dann steigt die positive Sicht auf „den Gottesdienst". Dagegen wird die Einstellung zum Gottesdienst im Laufe der Konfirmandenzeit sogar negativer, wenn eine aktive Teilnahme, eine Selbstwirksamkeit nicht ermöglicht wird, sondern man sich selbst immer nur passiv und damit als Objekt des Handelns anderer empfindet[20].

Subjektorientierung und das Ermöglichen einer Selbstwirksamkeit gehen für mich Hand in Hand. Eine noch stärkere Realisierung einer „Kirche der Menschen" hängt ganz stark davon ab, ob und wie die

[19] Fischer bei Obenauer, bunte Gnade, S. 11
[20] Vergl.: Selber machen statt auswendig lernen – EKD

haupt- und ehrenamtlich Tätigen sich von eigenen Gemeinde- und Kirchenbildern als normativer Größe und jeglicher Subjekt-Objekt-Aufspaltung verabschieden können. Dann gilt es wie beim gabenorientierten Ansatz „andere" Menschen mitmachen und vor allem selber machen zu lassen. Aber dann kommt eben auch noch hinzu, dass man als in Kirche und Gemeinde verantwortliche Personen verschiedene Kirchen- und Gemeindebilder wahrnimmt, sie fördert, sie leben lässt.

Dabei will ich keinen neuen Gegensatz aufmachen. Die einen dürfen natürlich einem ganz klassischen Verständnis verhaftet sein und versuchen, ob und wie Menschen stärker in eine dauerhafte, aktive Gemeinschaft hineingenommen werden können, dort ihren Glauben intensiv leben und mit ihren Gaben zum Segen für andere Menschen werden. Ich gehe aber davon aus, dass neben diesen Versuchen zu stärkerem und dauerhafterem Engagement hin zu dauerhafter Beteiligung, neben dem Wahrnehmen der „Angehörigen" eines von ihnen selbstbestimmt gelebten diskreten Christentums die „Gesellschaft der Singularitäten" (Andreas Reckwitz) in Teilen (!) möglicherweise noch ganz andere Formen von Ansprache und vor allem von Beteiligungs-, Mitwirkungs- und Bindungsmöglichkeiten braucht als sie gegenwärtig weithin ermöglicht und befördert werden. Aber natürlich gibt es nach wie vor Menschen, die ihr Subjektsein in der Kirche in traditionellen Formen leben wollen.

Meine Hypothese ist, dass eine noch stärkere Subjektorientierung sehr deutlich werden lässt, wie sehr alles in Bewegung ist und längst zusätzlich andere Formen von Bindung, Gemeinschaft, Gemeinde, Beteiligung entweder schon entstanden sind oder dringlich ermöglicht werden sollten. Meine Blicke in die Sozialen Medien machen mir das überdeutlich. Dort geschieht ganz vieles jenseits jeder Anbindung an die Organisation, hat aber ganz viel mit dem Kern unseres Auftrags zu tun. Da werden Lebens-, Glaubens- und Gotteserfahrungen geteilt, erzählt, in Diskussionen eingebracht. Die sozialen Medien sind ein Ort gelebten Priestertums aller Getauften. Viele Menschen stehen dort auf dem „Marktplatz". Sie reden einfach, sie berichten, sie erzählen von ihren eigenen Erfahrungen. In traditioneller Sprache formuliert würde man sagen, dass sie „Zeugnis ablegen". Diese Vielfalt gelebten Glaubens bedeutet für mich den Abschied von dem einen normativen Gemeinde- und Kirchenbild, das mehr oder weniger deutlich die Form von starker Bindung, starker Gemeinschaft vor Ort für möglichst viele als Ziel hat und dies vor allem mit dem Bereitstellen von „Angeboten" zu erreichen sucht. Ich befürchte, dass eine solche Zielvorstellung und die damit einhergehenden Maßnahmen an Teilen der sich verändernden Gesellschaft vorbeigehen. Und ich sehe auch die Gefahr der weiter zunehmenden Überforderung für alle Ehrenamtlichen, Berufstätigen und dem ordinierten Amt vor allem auch bei schnell schwindenden Ressourcen der Organisation Kirche in den kommenden Jahren.

Es wird im Folgenden zu zeigen sein, dass und wie sehr ein Weg vom „machen und anbieten" zum „machen lassen", vom „dauerhaft anbinden" hin zum „punktuellen er-leben" genauso wichtig ist, wie das Ermöglichen, vielfältige religiöse Erfahrungen vieler Menschen überhaupt erstmal zu hören, zu feiern und er-leben zu lassen. Solch eine Grundhaltung des Zulassens wird kirchliches Leben weiter verändern, davon bin ich überzeugt.

Anzuknüpfen ist aber natürlich an das, was längst da ist. Und deswegen lohnt sich ein Blick auf das Kirchenmitgliedschaftsgesetz der EKD aus den siebziger Jahren. Dieses räumt allen Subjekten der Kirche, also allen Mitgliedern neben Pflichten auch ausdrücklich weitreichende Rechte ein. In den § 3 und 4 heißt es dort:

„§ 3 (1) In der Gemeinschaft der deutschen evangelischen Christenheit bieten die Gliedkirchen allen Kirchenmitgliedern den Dienst der Verkündigung, der Seelsorge und der Diakonie an und lassen sie nach Maßgabe ihrer Ordnungen zum Heiligen Abendmahl zu.

(2) Im Rahmen der kirchlichen Ordnungen nehmen die Kirchenmitglieder an der Gestaltung des kirchlichen Lebens teil und wirken bei der Besetzung kirchlicher Ämter und bei der Bildung kirchlicher Organe mit.

§ 4 (1) Die Kirchenmitglieder sollen sich am kirchlichen Leben beteiligen, kirchliche Ämter und Dienste übernehmen und zu Spenden bereit sein.

(2) Sie sind verpflichtet, den Dienst der Kirche durch Leistung gesetzlich geordneter kirchlicher Abgaben mitzutragen und zu fördern."[21]

Gerade die zumeist schwieriger werdende Suche nach Kandidierenden bei Kirchenvorstandswahlen macht aber beispielhaft deutlich, dass unsere Gesellschaft und eben auch die Mitglieder der Kirche sich verändern und die Frage ist, wie die Organisation Kirche darauf reagiert[22].

Allerdings geht es mir beim Stichwort „Kirche der Menschen" und der für mich damit einhergehenden Subjektorientierung erst sekundär um Fragen der Organisationsgestalt von Kirche.

Viel wichtiger ist mir, was Menschen auch und gerade inhaltlich, geistlich, religiös, theologisch zugetraut wird und gerade deshalb ist

---

[21]Kirchenmitgliedschaftsgesetz der EKD: 1.12 Kirchenmitgliedschaftsgesetz (KMG) - Kirchenrecht Online-Nachschlagewerk (kirchenrecht-ekd.de), zuletzt aufgerufen am 8.8.22.

[22] Der Freiwilligensurvey der Bundesregierung zieht aus seiner Untersuchung dazu folgendes Fazit: „Der Anteil an Engagierten, die Leitungs- und Vorstandsfunktionen ausüben, ist seit 1999 rückläufig. Vor dem Hintergrund, dass Organisationen des freiwilligen Engagements oftmals darauf angewiesen sind, dass Personen ehrenamtlich Leitungsfunktionen übernehmen (Zimmer 2011), verdeutlichen die Ergebnisse des Freiwilligensurveys hier eine Problemlage, die auch von den verantwortlichen Akteuren in zivilgesellschaftlichen Organisationen selbst benannt wird: die zunehmende Schwierigkeit, Personen für ehrenamtliche Leitungspositionen zu gewinnen", in: Kurzbericht, S. 34

mir so wichtig, den Ausgangspunkt im reformatorischen Grundzug des Priestertums aller Getauften zu suchen und zu verankern. Ich setze also bewusst bei einer theologischen Bestimmung über den Menschen an und nicht bei der vorfindlichen Situation der Kirche. Ich behaupte aber sehr wohl, dass eine stärkere Besinnung auf diese theologische Bestimmung Einfluss nehmen kann auf die Gegenwart unserer Kirche. In jedem Fall würde sie zuerst die Haltung, die Einstellung und dann das Tun der haupt- und ehrenamtlich in der Kirche tätigen und engagierten Menschen verändern. Für mich drückt sich das in dem Satz aus:

> Eine Neubesinnung auf das Priestertum aller Getauften würde dazu führen, vielen Menschen mehr zuzutrauen und sich selber als ehren- oder hauptamtlich tätige Person in der Kirche weniger zuzumuten.

Mein Hauptaugenmerk liegt also auf der Mitte dieses Bildes von Hauschildt, ohne sein Viererfeld und die sich darin ausdrückende Differenzierung in Frage zu stellen. Ich stelle aber das „allgemeine Priestertum“ als Hauptgegenstand der „Kirche der Menschen“ heraus und versuche damit umzugehen, dass dieses allgemeine Priestertum in einer Gesellschaft der Singularitäten in einer Vielzahl von Segmenten mit unterschiedlichen Erfahrungen, Erlebnissen, Bedarfen, Fähigkeiten und Fertigkeiten lebt. Doch zunächst und vor allem ist es das von Gott erwählte und ausgesuchte, gerufene und berufene Priestertum aller Getauften und Glaubenden.

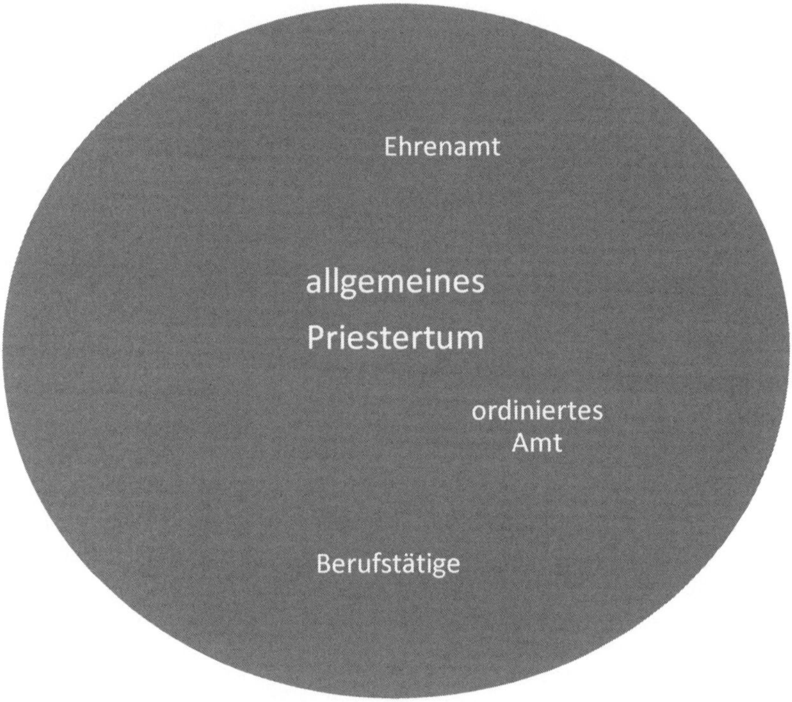

2.) „Kirche der Menschen“: Das Priestertum aller Getauften lebt

Der Kirchenhistoriker Thomas Kaufmann beschreibt in der FAZ am 27.10.2013 das Priestertum aller Getauften als die „vielleicht kühnste theologische Idee“ Martin Luthers und führt dazu aus:

„Diese Idee bedeutet den vielleicht grundstürzendsten Umbruch im Verständnis der Kirche. (…) Durch die Taufe hat Gott nach Luther jeden Christen in gleicher Weise ´geweiht´ und qualifiziert: Diese egalistische Tendenz stellt eine kopernikanische Wende in der Geschichte religiöser Organisationsvorstellungen dar (...) Das Priestertum aller Gläubigen steht für eine egalitäre und partizipatorische Religion, die allen Menschen beiderlei Geschlechts gleiche Rechte eröffnet und den Professionellen Grenzen steckt....“[23]

Ausgangspunkt und Referenz ist für Kaufmann dabei seine 2014 erschienene Untersuchung der Schrift Martin Luthers „An den christlichen Adel deutscher Nationen von des christlichen Standes Besserung“, die Luther im Frühsommer 1520 verfasst hat. Das „Theologumenon des allgemeinen Priestertums der Glaubenden und Getauften ... ist eine Art neue Erfindung des Wittenbergers, die er wohl hier erstmals entfaltet hat.“[24] Die Kernaussage Luthers ist eine einfache und klare: „Alle Christen sind geistlichen Standes.“[25] Kaufmann führt aus:

„So knapp und einfach diese These ist, so ungeheuerlich ist sie vor dem Hintergrund der traditionellen kirchlichen Denkgewohnheiten und Lebensordnungen; dies spiegelt sich auch darin, dass kein Thema stärkeren Widerspruch in der altgläubigen Kritik an der Adelsschrift gefunden hat als das allgemeine Priestertum bzw. die These, alle Christen seien geistlichen Standes.“[26]

Luther bezieht sich dabei auf die Charismenlehre aus 1.Korinther 12 und Römer 12,4ff und versteht Paulus so, dass alle Christen als gleichwertig zu bestimmen seien. Der Bezug auf die Schrift selbst steht für Luther dabei über der Tradition. Letztere habe eine Trennung von Klerus und Laien gemessen am Schriftwort zu Unrecht festgeschrieben[27]. Die Gleichwertigkeit aller Christen leitet sich aus der Tatsache ab, dass es nur ein Haupt (Christus) und nur einen Leib gebe: „Die in Christus begründete, in seinem ekklesialen Leib reale Einheit

---

[23] Thomas Kaufmann, Luthers kopernikanische Wende, in: FAZ vom 27.10.2013: https://www.faz.net/aktuell/politik/die-gegenwart/reformationstag-luthers-kopernikanische-wende-12636264.html
[24] Kaufmann, Adel, S. 26
[25] Kaufmann, Adel, S. 83
[26] Ebenda
[27] Vergl. Kaufmann, Adel, S. 84

lässt ontologisch-ständische Differenzen heilsgeschichtlichen Ausmaßes, wie die zwischen Klerus und Laien es sind, nicht zu."[28] Zweierlei wird von Kaufmann in der Auslegung der Schrift Luthers an dieser Stelle weiter betont: „Die Gleichwertigkeit aller Christen bedeutet allerdings nicht ihre Ununterschiedenheit."[29] Zwar sei man des „Wesens", des „Standes", der „Seinsqualität" nach gleich, aber nicht in möglichen Ämtern oder Funktionen. Damit verbunden ist für Luther nach Kaufmann nun ein zweites:

„Die eigentliche theologische Begründung des geistlichen Standes aller Christen liegt in dem göttlichen Konstitutionsakt des Christseins selbst im Sakrament der Taufe, im Zuspruch des Evangeliums, in dem Wort und Sakrament aufnehmenden und bewahrheitenden Glauben."[30]

Nach Kaufmann ist für Luthers Konzeption des Priestertums aller Glaubenden und Getauften der Zusammenhang von Glauben und Taufe untrennbar.

Entscheidend ist nun die Konsequenz, die Luther aus all diesen Beobachtungen aus der Schrift zieht. Kaufmann beschreibt diese so:

„Die gemeinsame Teilhabe an dem einen Glauben, dem einen Evangelium, demselben Sakrament (...) begründet die Berechtigung und Befähigung der Christen (....) einzuschätzen und zu beurteilen, was im Glauben wahr und falsch, richtig oder unrichtig ist."[31] Unter Berufung auf 1. Korinther 2,15 „betont Luther das Recht aller Christen, die Lehre zu beurteilen."[32]

Besonders wichtig erscheint mir, dass Kaufmann an dieser Stelle hervorhebt, dass es Luther dabei nicht nur um eine kognitive Urteilskraft

---

[28] Kaufmann, Adel, S. 97
[29] Kaufmann, Adel, S. 84
[30] Ebenda
[31] Kaufmann, Adel, S. 125
[32] Ebenda

geht, sondern er mit dem Wort „fulen“ tatsächlich „alle verschiedenen Möglichkeiten sensuellen, emotionalen oder auch intellektuellen Erfassen (...) einschließt.“[33] Dieser Aspekt ist meiner Ansicht nach in den Kirchen der Reformation allzu schnell vergessen und allzu sehr auf ein kognitives Erfassen reduziert worden.

Kaufmann schlussfolgert: „Auf welchem Wege auch immer – ein Christ besitzt im Glauben den entscheidenden Maßstab, um zu beurteilen, ob etwas dem Glauben entspricht oder nicht.“[34]

Ich möchte nochmals betonen, dass die Beschreibung des Vermögens des getauften und gläubigen Menschen bei Luther seinem Studium der Schrift entspringt. Luther trifft damit eine theologische Aussage über den Menschen. So wie der Mensch gerechtfertigt ist durch Gottes Handeln in Jesus Christus, so ist er auch durch das Geschenk von Taufe und Glaube in der Lage, zu beurteilen, ob etwas dem Glauben entspricht oder nicht. Dieses Vermögen, diese Fähigkeit wird ihm also zugespielt. Vergleichbar sind seine Aussagen über den Menschen und Gottes Handeln an ihm in der Heidelberger Disputation:

"Die Liebe Gottes findet das ihr Liebenswerte nicht vor, sondern sie erschafft es."
"Denn die Sünder sind deshalb schön, weil sie geliebt werden, sie werden aber nicht deshalb geliebt, weil sie schön sind."[35]

Die Einsichten Luthers vom Priestertum aller Getauften und Gläubigen sind Teil der DNA der evangelischen Kirche und leben in ihr gerade als Stärkung jedes einzelnen Mitglieds, jedes einzelnen Subjekts. So sollte man meinen.

Die Realität aber sieht deutlich anders aus.

---

[33] Ebenda

[34] Kaufmann, Adel, S. 126

[35] Luther, Heidelberger Disputation, WA 1, 365,2f

Im Lehrwerk „Praktische Theologie“ von Isolde Karle aus dem Jahr 2020 kommt das Stichwort „Priestertum aller Getauften, Gläubigen“ auf über 600 Seiten Text ganze achtmal vor und dann auch noch vorwiegend in dem Kapitel mit der Überschrift: „Der Pfarrberuf in der Moderne“. Dieser Befund ist symptomatisch. Das Priestertum aller Getauften hat in der Praktischen Theologie keine eigene Gestaltungskraft, sondern wird häufig als (kleiner) Teil der Pastoraltheologie verhandelt. Sabrina Müller betont zu Recht: „Wird das Allgemeine Priestertum thematisiert, geschieht dies meist im Zusammenhang von Rechten und Pflichten im Vergleich mit dem ordinierten Amt.“[36]

Während einer Konsultation der Bayerischen Landeskirche zum Thema „Berufsbild Pfarrerin, Pfarrer“ beschrieb Wolfgang Schoberth dies mit folgenden Worten:

„Das Amt der Pfarrerin / des Pfarrers kann in der reformatorischen Tradition nur als abgeleitet vom allgemeinen Amt aller Christinnen und Christen, genauer: der Gemeinde verstanden werden. Ein Großteil der Probleme, vor die sich die Volkskirche heute gestellt sieht, resultiert daraus, dass eben dieses allgemeine Amt der Gemeinde vernachlässigt wurde. Wird die Wahrnehmung der Evangeliumsverkündigung auf Pfarrerinnen und Pfarrer beschränkt, ist deren Überforderung unvermeidlich. Der Rückgang einer Familienkatechese, die Zurückhaltung im Gespräch über den Glauben etc. tragen mehr zum sog. `Traditionsabbruch´ bei als makro-soziologische Veränderungen. Das reformatorische Amtsverständnis ist hier realistischer und theologisch klüger zugleich: Die Evangeliumsverkündigung ist die Aufgabe der ganzen Gemeinde – das eigentliche und gemeinsame Amt –, innerhalb dessen das ordinierte Amt seine besondere Funktion hat.“[37]

Völlig zu Recht markiert aus meiner Sicht Christian Mulia in seiner beeindruckenden Untersuchung „Kirchenvorstandsarbeit. Dimensio-

---

[36] Müller, Gelebte Theologie, S. 10
[37] Schoberth, Unterwegs, S. 25

nen und Spannungsfelder einer spätmodernen Gemeindeleitung" gleich zu Beginn eine Problemanzeige mit der Überschrift: „Pfarrerzentrierung und die Unbestimmtheit des Allgemeinen Priestertums."[38] Hans Martin Barth spricht vom „Allgemeinen Priestertum" als einer mittlerweile „vergessenen Einsicht der Reformation"[39] und Ralph Kunz kann alle diese Wahrnehmungen in dem Satz zusammenfassen: „Die Praktische Theologie hat bezüglich des allgemeinen Priestertums blinde Flecken."[40] Es ist sicher zu würdigen, dass Ralph Kunz und Matthias Zeindler als Herausgeber des Aufsatzbandes „Das Priestertum aller Gläubigen heute" eben dieses Priestertum aller Gläubigen im Jahr 2018 aus verschiedenen Perspektiven neu beleuchtet haben. Der Titel allerdings verwundert mich: „Alle sind gefragt."[41] Treffender wäre aus meiner Sicht eine Überschrift wie: „Alle sind ermächtigt" oder: „Es ist Euch allen zugesagt" oder: „Es wird Euch zugetraut". Für mich geht es beim Priestertum aller Getauften vorrangig um eine Zusage, um eine Stärkung, um das Herausheben eines Vermögens des Menschen, das uns von Gott her zukommt.

Aus meiner Sicht hat diese Akzentverschiebung vom Allgemeinen Priestertum hin zur Betonung der Pastoraltheologie und damit des ordinierten Amtes Auswirkungen auf beiden Seiten. Zum einen wird den Pfarrpersonen (und gegenwärtig auch den anderen Berufsgruppen und vor allem auch den Ehrenamtlichen in der Kirche) zu viel zugemutet und zum anderen den Mitgliedern in ihrer Allgemeinheit zu wenig zugetraut. Aber genau darum geht es doch bei der Entdeckung Martin Luthers: Aus dem Wahrnehmen dessen heraus, was Gott Menschen zutraut und ihnen zuspricht, erwächst die „Kirche der Menschen" als Konsequenz. Dabei geht es mir im Folgenden gar nicht primär um eine Verhältnisbestimmung von allgemeinem und besonde-

---

[38] Mulia, Kirchenvorstandsarbeit, S. 33

[39] Barth, Hans Martin: Einander Priester sein, S. 15

[40] Kunz, Alle, S. 39

[41] Kunz, Alle, S. 1

rem Amt. Es geht mir auch nicht primär um die ehrenamtlich Tätigen. Mir geht es um den ganz großen Kreis. Mir geht es darum, an diesen theologischen Grundaussagen Luthers über das Vermögen aller Mitglieder der Kirche als Getaufte und Gläubige anzuknüpfen und die Zukunft der Kirche aus dieser Haltung heraus zu beschreiben: Alle sind als Subjekte kirchlichen Handelns mit ihren Erfahrungen des Lebens, mit ihren Erfahrungen des Glaubens und mit ihren Erfahrungen Gottes wichtig als Empfangende. Genau das sind wir alle zuerst und vor allem. Wie sich dies dann in unserem Leben ausprägt, das allerdings ist höchst unterschiedlich und kann sich auch je nach Lebensphase verschieden darstellen. Von außen lässt sich dies nicht bewerten und mehr denn je kann sich dies nicht nur als dauerhaftes Mittun, Mitreden und Mitgestalten in einer Kirchengemeinde zeigen, sondern auch und gerade punktuell, unkonventionell, mobil, digital, diskret, eben auf vielerlei Weise.

So kann ich mich den Worten von Volker Leppin gut anschließen, der betont, wie wichtig es wäre, ein „integratives Konzept" des allgemeinen Priestertums zu entwerfen:

„Die Erschließung der Nähe Gottes durch das allen Christinnen und Christen übertragene Priesteramt kann und sollte die Wurzel für ein Selbstverständnis der Individuen, der Gemeinden und der Amtsträger werden. So gewinnt die Vorstellung vom allgemeinen Priestertum kritische Funktion gegenüber Verengungen dieser Botschaft und gestaltende Möglichkeiten für deren Ausbreitung."[42]

Was das dann für die Kirche als Organisation bedeuten könnte, hat Christian Grethlein am Ende seiner Kirchentheorie unter Bezugnahme auf Gedanken des Religionssoziologen Stefan Huber beschrieben. Ideal wäre es demnach, wenn Kirchen und Gemeinden als „Räume wahrgenommen würden, an denen sich die autonome religiöse und

[42] Leppin, Priestertum, S. 169

spirituelle Produktivität der Subjekte entfalten kann."[43] „Kirche", so Grethlein, „wird dabei zu einem Assistenzsystem für die Kommunikation der Allgemeinen Priesterinnen und Priester."[44]

Wie die von mir betonte „Kirche der Menschen" längst Gestalt gewinnt, wie Menschen in sozialen Medien selbstwirksam längst als Priester*innen unterwegs sind, wie die Organisation Kirche dabei ihre Rolle als Assistenzsystem ausübt, soll an folgenden vier Beispielen konkret sichtbar werden.

---

[43] Grethlein, Kirchentheorie, S. 297

[44] Grethlein, Kirchentheorie, S. 298. An anderer Stelle schließt Grethlein in dieses Fundament aufgrund des Prozesscharakters der Taufe die mit ein, „die sich zur Taufe einladen lassen bzw. auf dem Weg zu ihr sind", Grethlein, Praktische Theologie, S. 335

3.) „Kirche der Menschen“ – konkret lebendig

„Alles das, was wir immer dachten, was uns gehört, meine Kirche, mein Gemeindehaus, ... gehört dem ganzen Dorf, gehört dem ganzen Quartier, gehört der Nachbarschaft und dass wir noch offensiver einladen und sagen: Es ist Euer Gemeindehaus und wir fragen nicht zuerst, bist Du Kirchenmitglied, sondern wir sagen: Kannst Du es für Deine Aufgaben, die auch zum Gemeinwohl der Menschen, die hier leben, gehören, kannst Du es dafür sinnvoll benutzen? Und in diese Richtung, glaube ich, müssen wir unterwegs sein“[45].

Diese Worte des Landesbischofs von Hannover, Ralf Meister, bringen es auf den Punkt: Kirche gehört allen. Von diesem Verständnis her bittet er alle: Nutzt das! Macht was daraus! Das, was der Landesbischof hier nach Beschlussfassung des Transformationsprozesses seiner Landeskirche im Interview im November 2021 gesagt hat, kann man in der Realität und damit in der Umsetzung schon vielfältig erleben. An dieser Stelle sollen neben dem Blick auf den Prozess der Evangelisch-Lutherischen Kirche Hannovers vor allem drei Beispiele näher vorgestellt werden, die in sich allerdings sehr unterschiedliche Aspekte herausstellen. Sowohl die Prozessanlage von Hannover als auch das Gemeindebeispiel aus Stuttgart als auch das Pop-Up-Hochzeitsfestival des Berliner Segenbüros vom Mai 2022 zeigen nämlich besonders schön ganz verschiedene Dimensionen einer neuen und verstärkten Subjektorientierung, das Ermöglichen von Selbstwirksamkeit und das Leben von verschiedenen Kirchenbildern auf dem Fundament des Priestertums aller Getauften auf. Und das vierte Beispiel soll verdeutlichen, dass jenseits aller Anstrengungen der Organisation Kirche Menschen, ich würde das so nennen, priesterliche Funktion im Sinne Luthers längst wahrnehmen: In der digitalen Welt wird bezeugt und verkündigt, wird Seelsorge geübt, wird deutlich, wie sehr Menschen

[45] Meister, #kirche2030 - Landesbischof Ralf Meister - YouTube, ab 1:17, zuletzt aufgerufen am 7.10.22

hör- und sprachfähig im Austausch von Lebens-, Glaubens- und Gotteserfahrungen sind.

3.1. „St Maria als" in Stuttgart

Auf der Homepage der Stuttgarter katholischen Kirche „St.-Maria-als"[46] wird man auf der Startseite mit der Frage empfangen: „Wir haben eine Kirche. … Haben Sie eine Idee?"

Die Gemeinde schreibt auf ihrer Homepage über die Entstehungsgeschichte:

„Im Mai 2017, nach einjähriger Vorbereitung im Projektteam in gemeinsamer Verantwortung von Stadtdekanat und Kirchengemeinde St. Maria begann mit `St. Maria als´ ein Beteiligungsprozess, der Ideen für eine Kirchensanierung suchte. Wesentlich verdankt sich der Erfolg dieses Beteiligungsprozesses der Unterstützung durch den Verein`Stadtlücken e.V.´. Dabei handelt es sich um einen gemeinnützigen Verein, initiiert von jungen Stuttgartern, Stadtplanern, Stadtentwicklern, Architekten und Kreativen, die sich besonders der Erhaltung und Gestaltung eines (nicht ökonomisierten) öffentlichen Raumes und einer lebenswerten Stadt widmen."[47]

Und es folgt eine erste Bestandsaufnahme, wenn weiter ausgeführt wird:

„Nach zwei Jahren der gemeinsamen Erfahrung, des Ausprobierens und des Freigebens wird immer deutlicher, dass mit dem offenen Startschuss – Wir haben eine Kirche – haben Sie eine Idee? – etwas ermöglicht werden konnte, was mehr ist als nur eine Ideensuche für

---

[46] https://www.st-maria-als.de/, zuletzt aufgerufen am 7.10.22.
Den Hinweis auf diese Gemeinde verdanke ich Pröpstin Crüwell

[47] https://www.st-maria-als.de/ueber-st-maria-als/geschichte/st-maria-als-chronologie, zuletzt aufgerufen am 7.10.22

eine bauliche Kirchensanierung, `St. Maria als´ wurde zu einem Kirchenentwicklungsprozess der besonderen Art."[48]

Und die Grundhaltungen werden so beschrieben:

„Die geistlichen Haltungen des Prozesses: `Lassen – Vertrauen – Wertschätzen – Erwarten´ sind die Haltungen, die uns im Prozess `St. Maria als´ leiten. Für St. Maria kommt hinzu die spirituelle Haltung Charles de Foucault, Gott bei den Menschen zu finden und einzutauchen in den Alltag und das Leben der Menschen im Quartier und im Sozialraum. Es ist gerade diese Kirche im Transformationsprozess, die nach unserer Erfahrung Menschen im urbanen Raum anspricht und auf sie anziehend wird. Damit einher geht die Gewährleistung von angstfreier Partizipation interessierter Menschen im Quartier, im Stadtviertel und in der Stadtgesellschaft, von der dieses Projekt bisher sehr profitiert hat und die konstitutiv für seine zukünftige Akzeptanz erscheint."[49]

Dabei wird dann noch weiter auf Aussagen von Papst Franziskus in New York aus dem Jahre 2015 Bezug genommen, der dort gesagt hat, dass „Jesus weiter durch unsere Straßen zieht, sich unter sein Volk mischt und sich und die Menschen in eine einzige Heilsgeschichte einbezieht."[50]

Gott in der Welt auffinden, Gott beim Menschen suchen und finden. Die geistliche Grundrichtung wird in solchen Worten besonders schön deutlich.

Worin besteht nun dieses Projekt?

Zunächst in einer bestimmten Idee von „Was ist Kirche?"

Die Antwort, die dort gegeben wird, lautet:

---

[48] Ebenda, zuletzt aufgerufen am 7.10.22
[49] Ebenda, zuletzt aufgerufen am 7.10.22
[50] Ebenda, zuletzt aufgerufen am 7.10.22

„Es kann nicht allein Aufgaben der Theologen sein, zu bestimmen, was eine Kirche ist. Es ist die Aufgabe von Künstler:innen, Passant:innen, Tourist:innen, Gläubigen, Zweifler:innen, Kindern,.... Sie alle sagen, wozu die Menschen die Kirche brauchen. Zumindest wollen wir für Ideen offen sein. Und wir nehmen es ernst, wenn Menschen mit ihren Anfragen an Kirche zu uns kommen. Nicht selten beginnen viele unserer schönsten Geschichten damit, dass jemand gesagt hat: Es klingt vielleicht verrückt, aber ich würde in eurer Kirche gern einmal.!“[51]

Eine der ersten Aktionen, so berichtet Pastoralreferent Andreas Hofstetter-Straka im persönlichen Gespräch immer noch begeistert, war im Jahr 2017 alle Türen der Kirche zu öffnen. Eine Passantin wird auf der Homepage mit den Worten zitiert:

„Ich war noch nie in einer Kirche. Ich wollte schon immer mal hinein, aber ich habe mich nie getraut, die Türklinke nach unten zu drücken. Aber als ich gesehen habe, dass die Türen hier offen stehen, habe ich mich getraut, hereinzukommen.“[52]

Und offenbar ein Mitglied einer Tanz- oder Performancegruppe beschreibt ihre neue Erfahrung so:

„Früher dachte ich, die Kirchen seien deshalb so groß, damit der Mensch sich vor Gott klein fühlen kann. Als wir hier geprobt und gearbeitet haben, ist mir mehr klar geworden. Die Kirche ist deshalb so groß, damit ich Platz habe, um wachsen zu können. Ich darf diesen ganzen Raum ausfüllen. Ich darf mich ausrichten! Deshalb ist die Kirche so groß.“[53]

Auf der Homepage findet man Impressionen von Ereignissen, von Ideen, die in der Kirche stattgefunden haben bzw. verwirklicht wur-

---

[51] https://www.st-maria-als.de/ueber-st-maria-als/konzept, zuletzt aufgerufen am 7.10.22

[52] https://www.st-maria-als.de/ueber-st-maria-als/geschichte/st-maria-als-ereignis, zuletzt aufgerufen am 7.10.22

[53] Ebenda, zuletzt aufgerufen am 7.10.22

den[54]. Als Beispiele seien hier nur genannt ein Tanz-Musik Konzert zum Thema Verwundbarkeit, Veranstaltungen zum Coronagedenken, zur Bestattungskultur, aber z. B. auch von einer Künstlerin, die Menschen in ihren Wohnungen besucht hat, um dort zu musizieren und dann zum Abschluss ihrer „Reise“ in der Kirche improvisierend ihre Eindrücke klanglich zum Ausdruck bringt.

„Wir haben eine Kirche – haben Sie eine Idee? Es geht darum, dass Menschen neue Erfahrungen für sich und in Gemeinschaft mit anderen machen können. Es geht darum, sich vielfältig und je nach eigenen Begabungen, Fähigkeiten, Fertigkeiten und Erfahrungen einzubringen und zu beteiligen, wenn man möchte. Es geht darum, einfach selber machen und gestalten zu können. Es geht darum, selbstwirksam werden und sein zu können. Hier ist „Kirche“ nicht nur für andere, nicht nur mit anderen unterwegs, sondern hier geben Verantwortliche der Kirche Raum und Zeit, damit andere sich ganz selbständig und eigenverantwortlich mit ihren Ideen und Erfahrungen zeigen, erzählen, musizieren, feiern, handeln. Mit solch einer Öffnung, mit solch einer Ermutigung, mit solchen Aktionen kann im und durch das Projekt von „St. Maria als“ ein neues „Wir“ sichtbar werden, indem Menschen dort gemachte Erfahrungen einbringen und neue Erfahrungen machen können und, wenn sie denn wollen, eben selbst zu Aktiven, zu Gestalter*innen werden.

3.2 Anlage des Transformationsprozesses der Evangelisch-Lutherischen Landeskirche Hannovers

Genauso sehe ich auch den gesamten Transformationsprozess der Evangelisch-Lutherischen Landeskirche Hannovers angelegt. Schon auf Seite 2 wird ausgeführt, dass es jetzt an der Zeit sei:

---

[54] https://www.st-maria-als.de/veranstaltungen/impressionen, zuletzt aufgerufen am 7.10.22

„dass wir uns mit vielen Menschen innerhalb und außerhalb der Kirche darüber austauschen, was ihre, was unsere Bedürfnisse sind und was sie und wir von Kirche erwarten. Aber auch darüber, wo wir als Kirche im Alltag der Menschen bereits, oftmals auch unbemerkt beständig und vielfältig Verantwortung übernehmen und tragen. Außerdem wollen wir aufmerksam sein auf Gott und sein Wirken in Gegenwart und Zukunft. Wir vertrauen darauf, dass wir gemeinsam mehr sehen, und so zusammen auch neue Visionen von Kirche entwickeln. Dazu werden wir geeignete Ermöglichungsräume schaffen."[55]

Zwei Grundsätze, man könnte auch Haltungen sagen, sollen den Prozess prägen:

„Der Zukunftsprozess ist transparent und partizipativ angelegt.
Der Zukunftsprozess ist ein umfassender Beteiligungsprozess aller Kirchenmitglieder und anderer an Kirche interessierter Menschen, darunter insbesondere der jüngeren Generationen.
Dies gilt z.B. für
- Erfahrungen an „anderen" kirchlichen und diakonischen Orten innerhalb und außerhalb der verfassten Kirche und insbesondere aus der Arbeit mit Kindern, Jugendlichen und jungen Erwachsenen,
- gesellschaftliche und politische Akteure, mit denen Kirche vor Ort im Rahmen der Wahrnehmung ihrer gesellschaftlichen Verantwortung zusammenarbeitet sowie deren Wissen und Sichtweisen,
- Erfahrungen aus religiösen und gesellschaftlichen Bereichen außerhalb der Landeskirche (Ökumene, Partnerschaftsbeziehungen, interreligiöse Beziehungen).
- Auf der digitalen Plattform „Anliegen- und Ideenportal" werden alle Ergebnisse und Anregungen transparent und ansprechend veröffentlicht. Die Plattform dient auch der weiteren Vernetzung von Akteuren und nutzt die vorhandenen Erkenntnisse zur Weiterarbeit.
Damit wird das Portal eine wichtige Brücke der Kommunikation.

Der Zukunftsprozess ist ein nachhaltiger und lernender Prozess.

---

[55] Microsoft Word - Nr_25_B_zweiter_Abschnitt.docx (velkd.de), S. 2, zuletzt aufgerufen am 12.8.22

Methoden und Instrumente werden im Verlauf des Prozesses selbst fortlaufend evaluiert und angepasst.
Der Zukunftsprozess erlaubt Erprobungen, Versuch und Irrtum in der Umsetzung von Ideen. Eine neue Idee muss nicht sofort Modell für die gesamte Landeskirche werden. Aber die damit gemachten Erfahrungen fließen in den weiteren Prozess unmittelbar ein. Zu einem solch lernenden Prozess gehört es auch, Risiken einzugehen und Scheitern zuzulassen. Lernerfahrungen aus Projekten, die nicht gelingen, sind hilfreich an anderer Stelle des Prozesses. Vergessene und unbekannte Stärken gilt es unabhängig von Finanzierung, personellen Ressourcen und konzeptionellen Überlegungen zu benennen.
Ideen bemessen sich in ihrer Güte nicht an ihrer Urheberschaft.
Parallel zum Ausprobieren laufen die Überlegungen zu entsprechenden und notwendigen Strukturveränderungen.“[56]

Zwei Sätze des Papiers, in jeweils einem Kasten gerahmt, bringen alle Grundaussagen auf den Punkt:

„Wie kommt das denkbar Neue in die Welt? Es beginnt damit, einander zuzuhören mit offenem Geist, offenem Herzen und offenem Willen.“[57]

„Wie kommt das unbekannte Neue in die Welt? Es beginnt damit, gänzlich anderen zuzuhören mit offenem Geist, offenem Herz und offenem Willen.“[58]

Zeitlich gesehen bewegt sich der Prozess noch im Anfangsstadium. Man kann noch gar nicht sagen, was werden wird, aber getreu der alten Projektweisheit „Sag mir, wie ein Projekt beginnt und ich sage Dir, wie es endet“ wird man zu dieser Prozessanlage und zu diesem Prozessbeginn sagen dürfen, dass hier mit größtmöglicher Offenheit nicht nur eingeladen, sondern fragend, zuhörend, wissbegierig gehofft

---

[56] Ebenda, S. 14, zuletzt aufgerufen am 12.8.22

[57] Microsoft Word - Nr_25_B_zweiter_Abschnitt.docx (velkd.de), S. 18, zuletzt aufgerufen am 12.08.22

[58] Ebenda, S. 19, zuletzt aufgerufen am 12.08.22

wird, dass sich immer wieder eine neues „Wir“ einstellt, um „Kirche der Menschen“ zu leben.

3.3. Pop-Up-Hochzeitsfestival des Berliner Segensbüro

Zuerst ein Wort zum Stichwort „Pop Up Church“. Das Projektbüro der Nordkirche „Kirche im Dialog“ schreibt dazu:

„Pop Up Church – Kirche da, wo du bist
Die Idee ist: Wir wollen Kirche an verschiedenen Orten zu verschiedenen Zeiten auftauchen lassen. Und zwar an Orten, wo wir auch sonst sind – also mitten im Leben! Und dabei auf unkonventionellem Wege mit Menschen ins Gespräch kommen.“[59]

Nun ist das natürlich kein geschützter Begriff und also verbinden sich mit dem Begriff „Pop Up Church“ viele weitere, allerdings in der Breite bisher ungewohnte Ereignisse von Kirche. So wie auch am 21. Mai 2022 in Berlin. An diesem Tag haben 72 Paare den Trausegen empfangen. Schon in der Einleitung zu der nun veröffentlichten Untersuchung des gesamten Prozesses macht der diese Veranstaltung begleitende und sie analysierende Soziologe der Evangelischen Arbeitsstelle für missionarische Kirchenentwicklung und diakonische Profilbildung, abgekürzt midi, Daniel Hörsch, klar:

„Ganz offensichtlich ist das Pop-Up-Hochzeitsfestival eine gelungene kasualpraktische Antwort auf eine Bedürfnislage von Paaren in einer Gesellschaft der Singularitäten.“[60]

Die Grundhaltung des Berliner Segensbüros wird auf deren Homepage wie folgt beschrieben:

„Die großen Übergänge und Feste des Lebens feiern wir mit Gottes Segen. Wir vom Segensbüro sind davon überzeugt, dass auch alles

[59] Aktionsformat für Kirche in der Öffentlichkeit - Kirche im Dialog, zuletzt aufgerufen am 17.9.22
[60] Hörsch, Segenshochzeiten, S. 13

dazwischen segenswert ist: Schulanfang, Studien- oder Ausbildungsbeginn, der Auszug der eigenen Kinder, die erste große Liebe, das Leben als Patchwork- und Bonusfamilie, Trennungen oder Scheidungen, die Menopause, ein geplantes Outing vor Familie und Freunden, eine bevorstehende oder durchgeführte Geschlechtsangleichung und das damit einhergehende neue Leben, der Tod eines Haustieres, eine große Reise …
Segen ist Leben. Leben ist Miteinander. Miteinander ist wahrnehmen. Wahrnehmen ist Bestärken. Bestärken ist Segen.“[61]

Im Büro selber arbeiten drei Pfarrerinnen, die aber netzwerkartig verbunden sind mit einer Vielzahl von Personen, die ebenfalls ansprechbar sind für Segenshandlungen. Immer wieder führt das Segensbüro aber auch selbständig Veranstaltung aus, wie eben die Segenshochzeit am 21. Mai 2022.

An dieser Stelle sind mir weniger Gestaltung und Einzelheiten dieser Veranstaltung wichtig als vielmehr diese Grundaussage der Auswertung:

„Das Pop-up-Hochzeitsfestival hat eine Kontaktfläche geboten, die mit Gottes Segen nicht sparsam umging, sondern ihn an alle verteilte, die sich auf das Wagnis einer Liebesbeziehung einlassen und dabei nach Segen suchen. Wichtig war daher die vorab getroffene Entscheidung, den wesentlichen Inhalt der Liturgie für zivilrechtlich verheiratete und unverheiratete Paare gleich zu gestalten, denn in ihr geht es nicht um den rechtlichen Status, sondern um die Lebensgemeinschaft zweier Menschen vor Gott. Das Segensritual war der zentrale Moment in der Liturgie. Mit ihm haben wir sichtbar und erfahrbar werden lassen, was die Paare durch ihre Beziehung miteinander leben und haben dies unter Gottes Segen gestellt. Aus diesem Grund wurde der Begriff „Segenshochzeit“ verwendet. Darin wird deutlich, dass sich das Ritual

[61] mehr Segensangebote - Segensbuero Berlin (segensbuero-berlin.de), zuletzt aufgerufen am 3.9.22

von einer Trauung im kirchenrechtlichen Sinne abhebt, in seiner theologischen Bedeutung jedoch gleichwertig ist."[62]

13 Pfarrpersonen und viele Ehrenamtliche und weitere Berufstätige haben dafür gesorgt, dass dieser Tag möglich wurde und folgendes darüber gesagt werden kann:

„Die enorme Resonanz auf das Pop-Up-Hochzeitsfestival und der Umstand, dass Zweidrittel der Paare spontan geheiratet haben, zeigen den Bedarf an einer unkomplizierten, mit wenig Formalien behafteten Hochzeit, die auch spontan und ohne großen Aufwand gefeiert werden kann. Darauf deutet auch hin, dass 66% der Paare nicht standesamtlich verheiratet sind – eine der formalen Voraussetzungen für eine kirchliche Hochzeit. Zudem war das Festival für Paare, bei denen beide säkular sind, eine willkommene Gelegenheit, ihre Beziehung unter den Segen Gottes zu stellen (34%). Dass das Festival „Segensräume" für Kirchen Fernstehende eröffnet hat, zeigt auch eindrücklich der Befund, dass bei 46% der Paare, beide kirchlich nicht gebunden sind."[63]

Hörsch reiht dieses Erleben in eine Reihe mit der Resonanz auf weitere „Segensräumen" ein:

„Indikatoren hierfür sind die zunehmend sich etablierenden Tauffeste oder alternative Tauffeiern, die prosperierenden Schulanfangsgottesdienste, die Segensfeiern als Alternative zur Konfirmation oder Jugendweihe vornehmlich in Ostdeutschland, und der Wunsch vieler gleichgeschlechtlicher Paare nach Segnung ihrer Partnerschaft."[64]

Von daher kann er von einer „Renaissance des Segens"[65] reden und gebraucht folgende Begriffspaare, um die Besonderheit dieses Tages zu skizzieren:

- „zwanglos und feierlich;"[66]

[62] Hörsch, Segenshochzeiten, S. 25
[63] Hörsch, Segenshochzeiten, S. 63
[64] Hörsch, Segenshochzeiten, S. 16
[65] Hörsch, Segenshochzeiten, S. 64

- „im kleinen Rahmen und authentisch,“[67]
- „bedürfnisorientiert und lebensweltlich passgenau,“[68]

In der praktisch-theologischen Einordung durch Christian Albrecht betont der Theologe drei Aspekte, die aus seiner Sicht zu der hohen Resonanz und Akzeptanz geführt haben:

„Erstens, erreicht wurden Menschen, die sich zwar mehrheitlich nicht als „gläubig“ und „religiös“ im engeren Sinne verstehen, die sich aber von Formen des Christentums ansprechen lassen. Davon dürfte es mehr geben, als sich in den Perspektivenlogiken von Kirchenmitgliedschaft, Gemeindeaktivität und Bekenntnisfreude erkennen lässt. Zweitens, angeboten wurden Formen, die in ihrer Leichtigkeit, Verspieltheit, Social-Media Tauglichkeit und Offenheit für populärkulturelle Formen die üblichen Schwellen des Zugangs zum traditionell Kirchlichen fast vollständig nivelliert haben. Und drittens, die veranstaltenden kirchlichen Personen traten, im Selbstverständnis und in der Selbstdarstellung, nicht als Hüter einer mehr oder weniger schwer zugänglichen Tradition auf, sondern als zugewandte, bis in die äußere Gewandung hinein flexible Dienstleister.“[69]

Der Münchner Theologe stellt dann die beiden Einsichten heraus, die man seiner Meinung nach aus diesem Ereignis ablesen kann und formuliert eine erste mögliche Konsequenz, die die Dimension der Veränderungen in unserer Gesellschaft zeigen. Albrecht schreibt:

„Sie (sb, die Kirche) zeigt sich als eine religiöse Organisation, die zweierlei verstanden hat: einmal, dass eine Vielfalt und Vielzahl der Formate an die Stelle normierender und egalisierender Standardangebote treten muss – und sodann, dass alle Erwartungen an längere oder tiefere Bindungen der Angesprochenen an diese religiöse Organisation unrealistisch sind und unter gegenwärtigen Bedingungen nicht mehr

---

[66] Hörsch, Segenshochzeiten, S. 65
[67] Hörsch, Segenshochzeiten, S. 68
[68] Hörsch, Segenshochzeiten, S. 69
[69] Albrecht, Segenshochzeiten, S. 78f

erhoben werden sollten; konkret und praktisch: dass Mitgliedschaftsbeiträge durch Gebührenordnungen, durch Basispakete mit Zusatzoptionen abgelöst werden können."[70]

Und im Blick auf die zurückgehenden Ressourcen stellt er zu Recht folgende Frage:

„Geht das zusammen, Schrumpfung und Individualisierung? Lässt sich das verbinden, Reduktion und Ausdehnung der Bandbreite? Oder ist das eine Versuchsanordnung, in der die beiden Tendenzen sich bekämpfen müssen und die daher zur Implosion führt?"[71]

„Das Hochzeitsfestival bzw. das Segensritual stellt mit Nachdruck die offene Frage, ob es einer zugleich kleiner, heterogener und positioneller werdenden Kirche gelingt, als ganze diesen Geist volkskirchlicher Großzügigkeit zu behalten – oder ob es unvermeidlich ist, dass es nur einzelne Gruppen und Formen in dieser Kirche geben wird, die in dem beschriebenen und im Segensritual eindrücklich demonstrierten Sinne für Generosität stehen können, während andere Gruppen und Formen stärker auf Positionalität, Eindeutigkeit, Erkennbarkeit, Abgrenzung setzen – und als solche die Lebensader ersterer bilden."[72]

Im Teil 3 wird auf diese Frage zurückzukommen sein. An dieser Stelle ist es aber schon wichtig zu sehen, wie sehr diese Ansätze Grundsatzfragen nach der Zukunft der Kirche und deren Gestalt aufwerfen. Die „Kirche der Menschen" kann man aber natürlich nicht nur an diesen drei Beispielen kenntlich machen. Inzwischen gibt es viele Orte, von denen ich sagen würde: Die Zukunft der Kirche hat dort längst begonnen. Zwei Studienreisende der Evangelischen Kirche in Hessen und Nassau haben sie an vielen Stellen gefunden und sie beschrieben. So hat Pfarrer Christoph Kiworr aus Mainz in seinem Studienbericht mit dem Titel „Auf den Geschmack gekommen. Neue Rezepte für eine

---

[70] Albrecht, Segenshochzeiten, S. 82
[71] Albrecht, Segenshochzeiten, S. 84
[72] Albrecht, Segenshochzeiten, S. 85

vitale Kirche" sieben verschiedene Beispiele dargestellt und in Anlehnung an Sabrina Müller aus Zürich u.a. ausgeführt, dass es bei „Vitalität" um die „Förderung eines lebendigen, mündigen Christsein der Getauften und um eine Außenorientierung in Wort und Tat gehe."[73]

Und unter der Überschrift „Stippvisite in der Zukunft der Kirche" hat Diakon Christian Weise ebenfalls eine weitere Fülle an Beispielen gesammelt und dargestellt, die so wunderbar aufzeigen, mit welchen Ideen Kirchengemeinden, Dekanate und Landeskirchen schon längst unterwegs sind[74].

Und wer noch viele weitere Beispiele nachlesen möchte, der sei auf diese Seite verwiesen: https://www.kircheimdialog.de/projekte[76].

3.4. digital bezeugen, Seelsorge üben, erzählen, hören und fragen – es geschieht

Menschen tauschen sich über ihre Lebens-, Glaubens- und Gotteserfahrungen in den Social Media Kanälen aus. Niemand beauftragt sie dazu, sie ermächtigen sich selbst. Sie tun es einfach. Sie treten mit Menschen über intimste religiöse Erfahrungen und Eindrücke in Kontakt. Hier reden Menschen miteinander, die sich persönlich mehrheitlich wohl überhaupt nicht kennen. Sie lassen sich wechselseitig anrühren von dort geschilderten Erlebnissen oder antworten schlicht und einfach auf Fragen, die dort gestellt werden. Jenseits jeder Beauftragung oder Ausbildung wird einfach miteinander kommuniziert.
Drei Beispiele mögen dies illustrieren:

---

[73] Auf den Geschmack gekommen (ekhn.de), siehe S. 4

[74] https://dekanat-rheingau-taunus.ekhn.de/fileadmin/content/dekanat-rheingau-taunus/rheingau-taunus/Download/Dekanat_2030/Stippvisite_in_der_Zukunft_der_Kirche_c.weise_2021.pdf, zuletzt aufgerufen am 8.10.22

[75] Projekte – Kirche im Dialog, zuletzt aufgerufen am 28.8.22

[76] Ebenda

- Am 1. September 2022 schrieb @Sinnestaeterin auf Twitter ihren Followern, dass sie selbst zwar nicht gläubig und ihr Kind auch nicht getauft sei, „aber würdet ihr es trotzdem zum schulischen Religionsunterricht anmelden? Geht so etwas überhaupt? An sich fände ich es nicht schlecht, dass das Kind ganz offen auch diese Seite kennenlernt.“ Innerhalb von wenigen Stunden antworteten über 200 Personen, stellten klar, dass das möglich sei und äußerten unterschiedliche Meinungen über die Sinnhaftigkeit des Religionsunterrichts. Sie berichteten von eigenen, sehr unterschiedlichen Erlebnissen als Schülerinnen und Schüler und wie sie sich selbst gegenüber ihren eigenen Kindern dann entschieden haben. Viele schrieben dazu, dass sie sich selbst als gläubig oder eben auch als ungläubig bezeichnen würden.
- Am 4. September 2022 stellte @Pashas_welt folgende Frage in seinen Twitter Account, der 322 Follower zählt, ein:
  „Darf ich euch mal etwas persönliches fragen: Glaubt Ihr an Gott? Er bekam daraufhin nicht nur 843 likes, sondern vor allem 2117 Kommentare, die ebenfalls völlig unterschiedliche Meinungen dazu bekundeten. Interessant ist, dass hier viel mehr Leute sich aufgefordert und berufen fühlten, die eigene Meinung, die eigene Erfahrung kundzutun als dieser Account normal über Reichweite verfügt. Mit einer einfachen, aber sehr gewichtigen Frage, hat sich innerhalb von nur 24 h eine rege und kontroverse Diskussion entsponnen. Im übertragenen Sinne würde ich davon sprechen, dass hier einem öffentlichen Marktplatz vergleichbar debattiert wurde indem vor allem jeweils eigene Erfahrungen ausgetauscht wurden.
- Und schließlich möchte ich noch MikeY mit 1800 Followern hinzuziehen, der am 3. September 2022 unter @mikecafc schrieb, dass er gerade die ihm liebste Person verloren habe. Daraufhin bekam er als Zeichen der Anteilnahme nicht fassbare 160.000 Likes und über 8000 Beileidsbekundungen, viele davon mit religiösem Inhalt.

Jenseits der Frage, was die Institution und die Organisation Kirche in den Social Media Kanälen ermöglicht, jenseits was z. B. Sinnfluencer:innen dort beauftragt oder auch „nur“ selbstermächtigt posten[77], meinem Eindruck nach ist die „Reichweite“ des „allgemeinen Priestertums“ sehr beeindruckend. Viele Kommentare in den drei oben genannten Beispiele erzählen, berichten, bekennen eigene Lebens- und Glaubens- und Gotteserfahrungen, sie ermutigen, sie betreiben Seelsorge, sie bezeugen. Sie erzählen aus vergleichbaren Situationen und Fragestellungen ihres Lebens, aber sie bleiben nicht bei sich, sondern wenden sich an die Person, die z.B. gerade getwittert hat. Ja, und sie gehen mit ihren Erfahrungen in den Diskurs mit anderen. Sie halten es aus, dass sie dort auch auf Unverständnis stoßen. Ihre Authentizität zeichnet sie aber nicht nur aus, sondern macht sie auch stark. Über das, was da jenseits aller kirchlichen Institution und Organisation stattfindet, müsste viel mehr geforscht werden, denn hier leben Menschen das, was ihnen mit Luther in Taufe und Glaube selbst zugesprochen und zugetraut wird: Sie bezeugen Gott und ihren Glauben im Alltag der Welt und erreichen damit viele andere Menschen. Sie erzählen ihr Leben dabei oftmals so, dass diese Erzählung möglicherweise auch hilfreich zum Leben für andere Menschen werden kann.

Neben aller berechtigten Kritik an Ausdrucks- und Umgangsformen in Sozialen Medien kann man doch vor allem vielfach auch das Gegenteil erleben. Auf den Marktplätzen unserer Zeit reden viele aus dem Priestertum aller Getauften mit. Für sie ist digital normal.

Diese Beispiele sollen einen Geschmack dafür vermitteln, dass „Kirche der Menschen“ längst an vielen Orten völlig unterschiedlich lebt. Dabei bin ich mir sicher, dass die meisten keine Beauftragung dazu haben, dass sie kein Ehrenamt oder Hauptamt ausüben, sondern eben

[77] Sehr gut dazu: Sabrina Müller, Öffentliche Kommunikation

genau das umsetzen, was Martin Luther mit seinen Worten gemeint und letztlich, was uns von Gott her ermöglicht wird.

Die Beispiele, die ich hier genannt habe, weisen in unterschiedliche Richtungen. So ist das in der „Kirche der Menschen“. Die einen haben eine Idee und warten darauf, dass man sie lässt. Andere begegnen an ungewöhnlichen Orten und zu ungewöhnlichen Zeiten für sie überraschend Menschen, die sich als Christ*innen zu erkennen geben. Wieder andere leben ihre Beauftragung als allgemeine Priester*innen einfach so, vielleicht ohne davon zu wissen. Sie tun es einfach. Sie handeln, sie reden, sie erzählen. Sie hören zu. Diese Vielfalt stellt eine große Herausforderung dar. In kirchlichen Gremien wird, so meine Beobachtung, häufig eine Vielfalt als wünschenswert bezeichnet. Sie dann aber nicht nur auszuhalten, wenn sie tatsächlich vorhanden ist, sondern sie zu fördern, zu stärken, das ist oft nicht einfach.

Auf den folgenden Seiten beschreibe ich die aus meiner Sicht wichtigsten Voraussetzungen und Grundlagen, damit dies gelingen kann und nehmen damit die Beispiele auf einer Metaebene wieder auf und füge weitere hinzu. Die Vielfalt wird dadurch noch größer und die Herausforderung auch. Aber vor allem sind es Aspekte, die mir verheißungsvoll erscheinen: „Kirche der Menschen“ lebt.

4.) „Kirche der Menschen" ermöglichen – Voraussetzungen und Grundlagen

4.1. Subjektorientierung ist die Mitgliederorientierung

Diese Aussage ist die wichtigste. Gott macht die Menschen zu Empfangenden von Lebens-, Glaubens- und Gotteserfahrungen. Wie die Menschen damit umgehen, wie sie z.B. ihre Taufe leben, ob und wie sie sich beteiligen, binden, ob sie erzählen, mitfeiern all dies liegt ganz bei ihnen und das gilt es zu respektieren und wertzuschätzen. Gerade das letzte Beispiel macht deutlich, dass vieles passiert ohne Beauftragung, ja ohne Kenntnis der Organisation Kirche. Menschen machen einfach, weil sie sich berühren lassen und keine Scheu haben, ins Gespräch einzusteigen. Persönliche Accounts werden mit einer Erzählung, einer berichteten Erfahrung zu öffentlichen Marktplätzen des religiösen Austauschs.

Für mich gilt ganz generell:

Weil Gott die Menschen zu Empfangenden von Lebens-, Glaubens- und Gotteserfahrungen macht, ist auszugehen von der Überzeugung, dass alle einen Schatz an Erfahrung in sich tragen.

Wichtig ist, dass alle, die das wollen, ihre Erfahrungen des Lebens, des Glaubens, Gottes auch in den Bereich einbringen können, in dem Haupt- und Ehrenamtliche der Kirche Verantwortung tragen, also in die organisierte Kirche. Sie sollen dies so tun, wie diese Subjekte es für sich selbst als richtig und wichtig erachten. Und wer wie auch immer seine Mitgliedschaft in Distanz lebt, der soll das gerne tun. Alle Arten, alle Ideen, sind es wert, dass sie Platz finden, dass sie leben dürfen, dass sie erzählt, gezeigt, getan, umgesetzt werden, wenn das gewollt wird. Nur so ist Mitgliederorientierung zu verstehen und nur so wird sie auch tatsächlich gelebt.

Das impliziert eine prinzipielle Unabgeschlossenheit und Nicht-Steuerbarkeit. Dafür kann es kein fertiges Bild geben, sondern „nur“ neue Möglichkeiten des sich Einbringens, des Feierns, des Erzählens, des Handelns.

Und diese Subjektorientierung fördert, dass sich ein „Wir“ um Fragestellungen und Aufgaben und Ideen und um Erzählungen immer wieder neu bilden kann und sich dabei dann neue Erfahrungen einstellen können.

Dieses fluide Geschehen mag zu Erlebnissen führen, an die man bei den Verantwortlichen in Haupt- und Ehrenamt (noch) gar nicht gedacht hat. Es ist ein gemeinsames Lernen und entwickelt sich.

Kirche ereignet sich. Das ist nicht verfügbar, nicht machbar. Sie stellt sich ein, sie passiert, sie geschieht.

Grundsätzlich gilt dann: Haupt- und Ehrenamtliche der Organisation Kirche sollen ermöglichen, dass viele, potenziell alle Interessierten selbst zu Gestalter*innen, zu Macher*innen werden. Das löst die „Subjekt-Objektspaltung“ auf. Alle, die wollen, machen sich auf den Weg, bringen Erfahrungen und neue Ideen und ihre Erzählungen ein, denken miteinander, entwerfen Projekte miteinander, planen miteinander, handeln und gestalten zusammen, probieren gemeinsam aus, verwerfen Dinge, evaluieren miteinander... Das hebelt Entscheidungsorgane nicht aus, denn Entscheidungen, wann wo was geschehen soll, müssen weiterhin getroffen werden. Aber es führt zu ganz neuen Formen der Beteiligung, des Mitmachens, des Mitgestaltens. Dies gilt ausdrücklich auch für Aktionen der sogenannten „Pop Up Church“. Gerade durch das oft unverhoffte Sichtbarwerden von „Kirche“ an ungewohnten Orten und zu ungewohnten Zeiten bildet sich ein neues, oftmals ganz punktuelles „Wir“, werden Angesprochene aber eben auch Teil einer neuen Gemeinschaft, sind sie plötzlich auch Teil vom Ganzen.

Und auch wenn sich die nachfolgenden Punkte wie ein neuer Aufgabenkatalog für schon verantwortliche Haupt- und Ehrenamtliche liest, so ist der Unterschied dennoch deutlich. Zielpunkt ist nicht (mehr), dass die Haupt- und Ehrenamtlichen unter sich das besprechen, was sie dann auch selbst als Angebot für andere umsetzen sollen oder gar müssen. Zielpunkt ist vielmehr, dass ein neues „Wir“ entsteht und andere mit-machen oder auch selber machen. Oder nochmal anders: Es geht vielfach überhaupt erstmal darum wahrzunehmen, was z. B. auf den Marktplätzen des Internets schon alles geschieht.

Die bestehenden Entscheidungsorgane werden damit nicht unwichtig, ganz im Gegenteil. Im besten Falle kommen sie wie in „St. Maria als“ durch eine Vielzahl von Entscheidungsmöglichkeiten bereichert endlich dazu, das zu tun, wozu sie auch gebraucht werden: Entscheidungen zu treffen.

Die Botschaft an alle ist dabei klar: Wir (Haupt- und Ehrenamtliche) brauchen Euch, aber vor allem: wir lassen Euch! Lasst uns ein neues gemeinsames „Wir“ bilden für ein paar Stunden, für ein paar Tage, für ein Projekt, ein Thema, an „alten“ oder „neuen“ Orten, analog oder digital oder hybrid, wie auch immer. So wird deutlich, dass hier großes Zutrauen und Vertrauen die Grundlage bilden. Allen wird viel zugetraut und allen wird vertraut. Nicht die einen wissen es schon und die anderen müssen davon nur noch überzeugt werden. Nicht die einen können es schon und müssen die anderen anleiten oder gar belehren. Nicht die „Anderen“ sollen so werden wie man selbst. Es geht um einen gemeinsamen Such- und Findungs- und Gestaltungsprozess. Alle mögen spüren: Du kannst es, Dir wird viel zugetraut, Dir wird vertraut, Du bist gefragt, Du bist willkommen, bring Dich ein wie immer Du bist, denkst, fühlst, handelst. Und wenn Du in Distanz bleiben willst, dann ist auch das genauso gut. Und wenn Du die „klassischen“ Formate von Gottesdiensten, Gruppen und Kreisen für Dein Leben brauchst, dann wirst Du hoffentlich für Dich weiterhin gute

Angebote dazu finden. Es gibt kein besser oder schlechter, es gibt Subjekte in der „Kirche der Menschen“, die ganz unterschiedlich denken, glauben, leben. Damit sich aber dieses vielfältige neue „Wir“ bilden kann, ist es wichtig, um die Bedeutung der „Selbstwirksamkeit“ zu wissen und sie zu fördern.

4.2. Selbstwirksamkeit und Resonanzgeschehen

Das Ehrenamt bzw. das freiwillige Engagement in Deutschland sind Gegenstand intensiver Forschungsarbeiten. Astrid Schütz von der Universität in Bamberg hat auf einem Ehrenamtskongress, der in Bayern alle zwei Jahre vom Bayerischen Staatsministerium für Familie, Arbeit und Soziales sowie der Hochschulkooperation Ehrenamt veranstaltet wird, im Jahr 2019 in ihrem Vortrag „Vom Eigensinn des Engagements“ folgende Motive für freiwilliges Engagement aufgeführt:

- „Sinnhaftigkeit
- Zugehörigkeit
- Selbstwert
- Kompetenzerleben
- Autonomie
- Selbstwirksamkeit.“[78]

Die Ermöglichung und die Erfahrung einer „Selbstwirksamkeit“ sind dabei den handelnden Personen besonders wichtig. Unter „Selbstwirksamkeit“ versteht Schütz:

> „Die Überzeugung, bestimmte Handlungen selbst ausführen zu können, die wiederum zum Erreichen bestimmter Ziele förderlich sind.“[79]

Der „Aufbau von Selbstwirksamkeit“ entstehe durch:

---

[78] Microsoft PowerPoint - Schütz_Vortrag_Samstag_Selbstwirksamkeit im Ehrenamt_Schütz (ehrenamtskongress.de), S. 4, zuletzt aufgerufen am 13.8.22

[79] Ebenda

1.) „Eigene Erfahrungen
2.) Stellvertretende Erfahrungen und Vorstellung
3.) Verbale Rückmeldungen
4.) Emotionales und körperliches Erleben.“[80]

Ganz ähnlich äußert sich auch Ursula Weber von der Dualen Hochschule in Stuttgart, die bei einer Anhörung im Landtag Nordrhein-Westfalens zum Thema „Gesellschaftliche Teilhabe, Partizipation und bürgerschaftliches Engagement“ u.a. folgendes sagte:

„Aus Untersuchungen ist bekannt, dass fast alle ehrenamtlich Engagierten mit ihrem Engagement die Gesellschaft im Kleinen verändern wollen und insbesondere durch ihr Engagement Selbstwirksamkeit erfahren wollen. Insofern ist von einer grundlegenden Partizipationslogik des Engagements die Rede.... Selbstwirksamkeitserfahrungen sind zum demokratischen Leitmotiv der Engagierten geworden, denn Mitmachen und Geselligkeit reicht vielen Engagierten als Motiv nicht mehr aus. Vielmehr geht es den Aktiven darum, die Gestaltung des Gemeinwesens voranzubringen .... In ihrem Tun wollen die Engagierten, Freiwilligen oder Ehrenamtlichen auf Augenhöhe behandelt werden. Sie möchten über Zeit und Inhalte ihres Engagements selbst bestimmen, d. h. sie wollen Einfluss nehmen können. Die Schnittstelle vom Engagement zur Beteiligung ist dabei fluide, denn wo liegt die Grenze vom Mitwirken im vordefinierten Rahmen zur Mitgestaltung und Veränderung.“[81]

Der letzte Satz markiert, was auch in der Kirche deutlich zu bemerken ist. Auch für Menschen in der Kirche geht es oftmals nicht mehr nur

---

[80] Microsoft PowerPoint - Schütz_Vortrag_Samstag_Selbstwirksamkeit im Ehrenamt_Schütz (ehrenamtskongress.de), S. 5, zuletzt aufgerufen am 13.8.22

[81] Fragen zur Anhörung „Gesellschaftliche Teilhabe, Partizipation und bürgerschaftliches Engagement“ Prof. Dr. Ursula Weber, Duale Hochschule Baden-Württemberg Stuttgart (29.01.2021), MMST17-3579.pdf (nrw.de), S 2f , zuletzt aufgerufen am 22.8.22

um Mitwirkung, sondern um Mitgestaltung. Gerade so und gerade dann erlebt man sich als selbstwirksam. Nun will ich gerne ausdrücklich betonen, dass eine Sonderauswertung des letzten Freiwilligensurveys für den Bereich von Kirche und Religion durch das Sozialwissenschaftliche Institut der EKD hier erneut erfreuliche Erkenntnisse ergeben hat:

„Drei Viertel aller Engagierten, die ihre zeitaufwändigste Tätigkeit im Bereich Kirche und Religion ausüben, geben an, dass sie ihre Möglichkeiten zur Mitsprache oder Mitentscheidung sehr oder eher gut finden (76,5 %). 19,6 % sind unentschieden („teils/teils"), 4 % bewerten die Möglichkeiten als eher oder sehr schlecht."[82]

Betrachtet man evangelische und katholische Kirche getrennt, so kommt die evangelische Kirche auf einen Wert von 79,4 % bei „sehr" und „eher gut" und die katholische Kirche auf einen Wert von 66,3 %[83] in diesen Antwortkategorien. Mitsprache und Mitentscheidung sind also in unserer Kirche nicht nur möglich, sondern real vorhanden. Diejenigen, die sich also einbringen, erleben in ihrer überwiegenden Mehrheit genau das, was sie auch als wichtig erachten. Selbstwirksamkeit in der Kirche ist durchaus gegeben.

Mit dieser Fokussierung auf „Mitsprache und Mitentscheidungsmöglichkeiten" ist der mögliche Bedeutungshorizont von einer „Selbstwirksamkeit" aber noch nicht abgeschritten. In Hartmut Rosas Resonanztheorie beschreibt er den Unterschied zwischen den beiden von ihm herausgearbeiteten grundlegenden Formen der Weltbeziehung auch und vor allem anhand von unterschiedlichen Erfahrungen auf dem Gebiet der Selbstwirksamkeit.

Ein „intaktes Weltverhältnis" setzt für ihn voraus, dass „Subjekte auch als erste Stimmgabel zu fungieren vermögen" und meint weiter:

---

[82] Sinnemann, Sonderauswertung, S. 36
[83] Ebenda

„Resonanz … bezeichnet ein wechselseitiges Antwortverhältnis, bei dem die Subjekte sich nicht nur berühren lassen, sondern ihrerseits zugleich zu berühren, das heißt handelnd Welt zu erreichen vermögen. Eine Resonanzachse existiert daher erst und nur dort, wo das Subjekt durch die Welt zum Klingen gebracht wird, aber umgekehrt auch Welt zum Klingen oder, weniger blumig formuliert: zum entgegenkommenden Reagieren oder Antworten zu bringen vermag. Subjekte wollen Resonanzen gleichermaßen erzeugen wie erfahren.“[84]

Für Rosa ist entscheidend, dass Engagement ganz wesentlich abhängt von der „Erfahrung, der sich im Prozess (sb, des Tuns) ergebenden Wechselwirkung.“[85] Mit Verweis auf eigene Untersuchungen an der Universität Jena stellt er heraus:

„Über alle untersuchten Engagementbereiche hinweg bestätigten die Befragten immer wieder aufs Neue und in vielfältigen Varianten, dass ihr treibendes Motiv als Resonanzverlangen identifiziert werden kann: In ihrer Arbeit mit Jugendlichen, mit Benachteiligten….. spüren sie ihre Selbstwirksamkeit darin, dass so viel zurückkommt; dass sie fühlen, wie sie etwas zu bewegen und zu bewirken vermögen, das von Bedeutung ist.“[86]

Wie bedeutsam solche resonante Selbstwirksamkeitserfahrungen für Rosas gesamte Theorie der Weltbeziehung und für seine Analyse der „Moderne“ sind, macht er deutlich, wenn er auf der einen Seite Erfahrungen beschreibt, die auf eine „stumme, auf Beherrschung und Verfügbarmachung (sb, der Welt) ausgerichteten und ergebnisorientierten Selbstwirksamkeit“ hinauslaufen und auf der anderen Seite gegenüberstellt die

„Erfahrung resonanter, einwirkender, prozessorientierter und antwortorientierter Selbstwirksamkeit, welche nicht nur mit dem stets Unverfügbaren, Nichtbeherrschbaren, Widerständigen rechnet, sondern auf

[84] Rosa, Resonanz, S. 270
[85] Rosa, Resonanz, S. 274
[86] Rosa, Resonanz, S. 276

dieses sogar konstitutiv angewiesen bleibt. Das bedeutet aber auch, dass die Selbstwirksamkeitsstrategie der Moderne nicht per se falsch, sondern nur einseitig ist; dass sie zwar gewaltiges Entfremdungspotential birgt, aber zugleich die Ressourcen für resonante Weltbeziehungen bereitstellt."[87]

An dieser Stelle möchte ich zurückgreifen auf meine Beschreibung von Rosas Resonanztheorie in „Ermöglichen. Kirche im Jahr 2030", denn die hier stark gemachte „Subjektorientierung" kann zusammen mit der Ermöglichung von Selbstwirksamkeit viel mehr bewirken als eine Veränderung der Organisation Kirche. Sie kann vielmehr das freisetzen, was Rosa als „Resonanzgeschehen" beschreibt, denn:

„Resonanz ist eine durch Af-fizierung und E-motion, intrinsisches Interesse und Selbstwirksamkeitserfahrung gebildete Form der Weltbeziehung, in der sich Subjekt und Welt gegenseitig berühren und zugleich transformieren.

Resonanz ist keine Echo-, sondern eine Antwortbeziehung; sie setzt voraus, dass beide Seiten mit eigener Stimme sprechen, und dies ist nur dort möglich, wo starke Wertungen berührt werden. Resonanz impliziert ein Moment konstitutiver Unverfügbarkeit."[88]

Ausgangspunkt ist also, dass ich von „Welt" berührt werde, dass ich eine andere „Stimme" höre, die mich berührt, die mich im Innersten erreicht. Dieses Geschehen setzt bei mir einen Affekt frei, der mich überwältigt, fasziniert, herausfordert, bewegt. Rosa nennt viele Begriffe, um dieses Geschehen zu beschreiben. Und er nennt Situationen, in denen das aus seiner Sicht für einen Menschen erlebbar wird: in der Liebe, aber auch in einem für mich besonderen Konzert, beim Blick in die Bergwelt, aber auch beim Hören eines spannenden Vortrags, im mich anrührenden Gespräch mit einem Freund, aber auch im Theater.

---

[87] Rosa, Resonanz, S. 278
[88] Rosa, Resonanz, S. 298

Dieses Berührt-Werden kann der Beginn eines Resonanzgeschehen sein.

Entscheidend ist, dass man sich selbst in diesem Geschehen als wirksam erlebt. Man antwortet und tritt so seinerseits in Beziehung. Das bedeutet, dass dieses Geschehen etwas mit mir macht. Ich spüre das an mir und in mir selbst. Man ist fasziniert, man erschaudert, man ist sprachlos. Oder aber man antwortet, man geht auf das Geschehen ein, man lässt sich mitnehmen.

Der dritte Schritt betrifft die Einsicht, dass mich diese Begegnung, dieses Erleben verändert. Es ist nicht ein Ereignis wie so viele, die man schon erlebt und viele davon auch schnell wieder vergessen hat. Es ist ein Erlebnis, das mich prägt und also die Kraft hat mich zu verändern. Einsichten verändern sich, Verhaltensmuster, ja sogar und gerade Haltungen, die mich prägen.

Und die vierte wesentliche Einsicht ist, dass dieses Resonanzgeschehen unverfügbar ist. Ich kann es nicht machen, nicht herstellen. Ich kann darüber nicht verfügen. Ich kann nicht in die Berge fahren, um diese Resonanz in Gang zu bringen, kein Konzert garantiert dieses Geschehen, kein Gesprächsansatz mit noch so lieben Menschen um mich herum. Das Resonanzgeschehen entzieht sich unserem Streben, alles verfügbar, alles in unsere Weltreichweite zu bringen.

Wenn man nun fragt, was „Welt“ eigentlich alles sein kann, so zählt Rosa drei Resonanzachsen auf, die jeweils für sich eine Menge an Möglichkeiten bereithalten, mit denen man als „Ich“ in eine Resonanzbeziehung treten kann.

Grundsätzlich gibt es die horizontale, die diagonale und die vertikale Resonanzachse.

In der horizontalen Resonanzachse sieht Rosa z.B. die Familie, die Freundschaft, aber auch die Politik.

In der diagonalen Resonanzachse sieht er die Objektbeziehungen, Arbeit, Schule, aber auch „Sport und Konsum als Versuche sich zu spüren".

In der vertikalen Resonanzachse schließlich sieht er „die Verheißung der Religion", die „Stimme der Natur", „die Kraft der Kunst" und auch den „Mantel der Geschichte".[89]

Schauen wir uns die Religion als ein Beispiel der vertikalen Resonanzachse genauer an:

In Aufnahme der Religionstheorien von Friedrich Daniel Ernst Schleiermacher und Martin Buber interpretiert Rosa die Bibel resonanztheoretisch und formuliert:

„Vom Flehen Salomons bis zum Schrei Jesu am Kreuz erscheint sie als ein einziges Dokument des menschlichen Flehens, Bittens und Betens, Wartens und Harrens, Flüsterns und Rufens um Antwort. Und man könnte hinzufügen, dass sie auf dieses Flehen vielleicht ein einziges großes Gegenversprechen gibt, welches da lautet: Da ist einer, der Dich hört, der Dich versteht, und der Mittel und Wege finden kann, Dich zu erreichen und Dir zu antworten."[90]

Für Rosa entwickeln sich daraus die Gestalt des Gebets und auch die Haltung des Betens mit der „Herstellung einer Tiefenresonanz in Form eines hörenden und antwortenden Redens (und Handelns)."[91]

---

[89] Vergl. Rosa, Resonanz, S. 341 - 514. Mit dem klug gewählten Begriff der „Verheißung der Religion" macht Rosa deutlich, dass er gar keine Antwort auf eine Frage sucht wie „Gibt es Gott?", „Hat die Religion recht?" Er beschreibt Phänomene der Welt und die Religion ist eine davon.
[90] Rosa, Resonanz, S. 441
[91] Ebenda

Besonders interessant ist für ihn nun, dass sich in Gottesdiensten und religiösen Riten mehrere Resonanzachsen verbinden. So ist das Abendmahl nicht nur eine vertikale Resonanzachse zwischen Gott und Mensch, sondern auch eine horizontale der Gläubigen untereinander und eine diagonale aufgrund der besonderen Beziehung zu Brot und Wein hin.[92] Und auch wenn Rosa mit Max Weber wahrnimmt, dass der Protestantismus doch alles Magische aus der Welt verbannt und Gott in ein unerreichbares Jenseits verschoben habe, so zitiert der versierte Organist Hartmut Rosa an dieser Stelle Paul Gerhardts Weihnachtslied „Ich steh an deiner Krippen" hier und findet dort die Resonanzsensibilität des Protestantismus.

Seine Beschreibung der Bedeutung der vertikalen Resonanzachse geht aber noch weiter. Rosa schreibt:

„Als Kern der Religiosität lässt sich auf diese Weise mit Buber und mit Paul Gerhardt gleichermaßen die existentielle Antwortbedürftigkeit des Menschen auf der einen und das Versprechen ihrer potentiellen Erfüllung auf der anderen Seite identifizieren. In der christlichen Theologie zumindest kommt dann hinzu, dass auch das Wesen Gottes gleichsam als Beziehungswesen gedacht wird, was insbesondere in der Lehre von der Perichorese, der vollständigen wechselseitigen Durchdringung bei gleichzeitiger Bewahrung der Eigenständigkeit von Gott als Vater, Sohn und Heiliger Geist, zum Ausdruck kommt."[93]

Damit spricht Rosa auch der Trinität eine Resonanzfähigkeit zu und trägt seine Resonanztheorie sogar in den christlichen Gottesbegriff ein.

Mit seiner Soziologie der Weltbeziehung will Rosa einerseits unseren Blick dafür schärfen, welche Logiken in der Welt herrschen und wie sehr sie uns auf der einen Seite in die Entfremdung treiben. Als Ver-

[92] Vergl. Rosa, Resonanz, S. 442ff

[93] Vergl. Rosa, Resonanz, S. 446

treter einer neuen Generation der „Kritischen Theorie“ kritisiert er insbesondere die kapitalistische Gesellschaftsform, die genau diese Logiken durch ihr Wirtschaftsmodell auf die Spitze treibe. Der Weltbeziehung der Entfremdung gegenüber steht das Modell des guten Lebens, das davon abhängt, ob man mit „Welt“ in ihrer vielerlei Gestalt in ein Resonanzgeschehen eintreten könne.

Dazu muss „Welt“

- mich erstens im Inneren erreichen,
- mich zweitens ins Antworten bringen,
- mich drittens dadurch verändern,
- und das alles vor dem Hintergrund, dass mir dieses Geschehen viertens unverfügbar bleibt.

Wir haben weiter gesehen, dass für Rosa statt „Welt“ eine Fülle an Subjekten eingesetzt werden kann: Partnerin, Freund, Musikstück, Bergwelt und eben auch Religion. Rosa muss man dann so verstehen, dass die Religion den Menschen im Innersten erreichen, ihn zum Antworten bringen, ihn verändern kann. Als religiöses Erleben bleibt dies aber unverfügbar, „Kirche“ kann das nicht machen. Was aber bewusst geschehen kann, ist das Einrichten von möglichen Resonanzachsen. Gerade von Rosa herkommend ist es nachvollziehbar, warum Menschen sich durch Segenshandlungen wie den „Segenshochzeiten“ „anstecken“ und berühren lassen. Und die Erzählung der Frau unter 3.1. lässt doch ihr Resonanzerlebnis erahnen, wenn sie denn zu einem völlig neuen Verständnis der Größe von Kirchbauten kommt. Gerade dieses Beispiel zeigt, dass die Selbstwirksamkeit in diesem Geschehen eine wichtige Rolle spielt. Nach und durch die Proben, so sagt sie ja, kommt sie zu einer neuen Erkenntnis, die darin besteht:

„Die Kirche ist deshalb so groß, damit ich Platz habe, um wachsen zu können. Ich darf diesen ganzen Raum ausfüllen. Ich darf mich ausrichten! Deshalb ist die Kirche so groß.“[94]

Aber gerade weil Resonanzen unverfügbare Ereignisse sind, ist es genauso möglich durch eine Liedstrophe von Paul Gerhardt oder durch Aussagen einer Predigt in Bewegung zu kommen. Die Resonanztheorie nimmt die Subjekte in ihrer Verschiedenheit Ernst. Was für die eine Person gilt, mag sich für eine andere Person ganz anders anfühlen. Es gibt keine Resonanz, die für alle gleichermaßen gilt. Es gibt dafür kein Programm, keine Tools, keine einfach wiederholbaren Vollzüge. Es gibt „nur“ Individuen, Subjekte, die offenbar unterschiedlich ansprechbar sind und selbst unterschiedlich „sprechen“. Wichtig ist aber weiter, dass Resonanzen sehr wohl zu neuer und vertiefter Gemeinschaft führen können. Auch dies kann man sehr schön am Wirken der Kirchen aufzeigen. Auch wenn Resonanzerfahrungen nicht machbar sind, gibt es doch gemeinsame Resonanzen durch Gemeinschaftserfahrungen, die sich einstellen, die sich ereignen können und die ein ganzes Leben prägen und neu ausrichten können.

Der Soziologe Hartmut Rosa macht mit seiner Resonanztheorie der Kirche durchaus Mut, indem er sie auf ihre Potentiale hin anspricht und deren Bedeutung für eine gelingende Weltbeziehung herausstreicht.

Nehmen wir nun einen zweiten bedeutenden Soziologen, Andreas Reckwitz, hinzu, so wird allerdings noch deutlicher, in welch einer Gesellschaft wir leben und wie diese sich in einem rasanten Tempo verändert hat und weiter verändert. „Kirche der Menschen“ ist Teil dieser „Gesellschaft der Singularitäten“ und hat aus meiner Sicht weithin noch nicht verstanden, was das für sie selbst bedeutet.

---

[94] https://www.st-maria-als.de/ueber-st-maria-als/geschichte/st-maria-als-ereignis, zuletzt aufgerufen am 8.10.22

4.3. Die „Gesellschaft der Singularitäten“ in der Spätmoderne

„Gesellschaft der Singularitäten“ ist ein Begriff, den Andreas Reckwitz, Professor für Allgemeine Soziologie und Kultursoziologie an der Humboldt-Universität zu Berlin, geprägt hat.

Mit dem Begriff der Singularisierung bezeichnet er einen Kulturwandel, der in den letzten beiden Jahrzehnten des 20. Jahrhunderts begonnen und sich stetig beschleunigt hat:

„Wohin wir auch schauen in der Gesellschaft der Gegenwart: Was immer mehr erwartet wird, ist nicht das Allgemeine, sondern das Besondere. Nicht an das Standardisierte und Regulierte heften sich die Hoffnungen, das Interesse und die Anstrengungen von Institutionen und Individuen, sondern an das Einzigartige, das Singuläre.“[95]

Schon dieser eine Satz hinterfragt alle standardisierten kirchlichen Aktivitäten in ihrer Bedeutung für diese Gesellschaft der Singularitäten bzw. zeigt auf, warum viele traditionelle Angebote der Kirche z. B. in Kreisen und Gruppen insgesamt immer weniger nachgefragt sind.

Die Wahrnehmung, dass es eine „Umdeklinierung vom Allgemeinen zum Besonderen“[96] gibt, erläutert er an vielen Beispielen. Von der Vielzahl der Kaffeesorten hin zu der Besonderheit eines jeden Reiseziels, vom Aufkommen der Social Media Kanälen und dem Freizeitverhalten überhaupt bis hin zur Wohnungseinrichtung, für Reckwitz ist entscheidend, dass Singularisierung mehr meint als Selbständigkeit und Selbstoptimierung:

„Zentral ist ihr (sb, der Singularisierung) das kompliziertere Streben nach Einzigartigkeit und Außergewöhnlichkeit, die zu erreichen freilich nicht nur subjektiver Wunsch, sondern paradoxe gesellschaftliche

---

[95] Reckwitz, Gesellschaft, S. 7
[96] Reckwitz, Gesellschaft, S. 9

Erwartung geworden ist. Markant ausgeprägt ist dies in der neuen, der hochqualifizierten Mittelklasse, also in jenem sozialen Produkt von Bildungsexpansion und Postindustrialisierung, das zum Leitmilieu der Spätmoderne geworden ist."[97]

Im Mittelpunkt seiner Gesellschaftsanalyse steht die Erkenntnis, dass seit den siebziger Jahren des letzten Jahrhunderts eine Erosion unserer breiten Mittelklasse stattgefunden habe. Neben der kleinen „Oberklasse der Superreichen" tritt „sukzessive eine dreigliedrige Sozialstruktur, bestehend aus neuer Mittelklasse, neuer Unterklasse und – zwischen ihnen – der alten Mittelklasse."[98] Was in den siebziger Jahren begonnen hat, hat sich in der Spätmoderne vor allem in den letzten zwei bis drei Jahrzehnten noch weiter beschleunigt.

„Die Lebensführung der neuen Mittelklasse lässt sich auf die (durchaus spannungsreiche) Formel des Strebens nach erfolgreicher Selbstentfaltung bringen. Die zentrale Lebensmaxime lautet hier, individuelle Wünsche und Begabungen zu entfalten, ein Leben zu führen, das man als befriedigend, sinnvoll und reichhaltig empfindet. Zugleich soll es sich um ein erfolgreiches Leben handeln, das mit hohem sozialen Status und sozialer Anerkennung einhergeht."[99]

Diese Menschen wollen und brauchen keine Fürsorge, keine Rede, die in irgendeiner Form als Bevormundung verstanden werden könnte, keine Nachhilfe im „richtigen Leben". Sie bringen voran, sie gestalten und sie machen. Sie wollen partizipieren, Verantwortung, mitreden. Sie gliedern sich nicht mehr in bestehende Systeme ein, wie es noch die „nivellierte Mittelstandsgesellschaft" ihrer Eltern getan hat.

„Postindustrialisierung, Bildungsexpansion und Wertewandel" haben in den siebziger Jahren begonnen, diese neuen Lebensvorstellungen hervorzubringen. Auch durch die Digitalisierung haben diese eine

---

[97] Reckwitz, Gesellschaft, S. 9
[98] Reckwitz, Ende, S. 86
[99] Reckwitz, Ende, S. 92

noch umfassendere Wirkung entfaltet. Viele Menschen sind seitdem selbst produktiv in sozialen Netzwerken unterwegs.

Natürlich existiert daneben auch die sogenannte „alte Mittelklasse", die von „Sesshaftigkeit, Ordnung und kultureller Defensive" geprägt ist. Der Ton aber und die Entwicklung werden von der neuen Mittelklasse angegeben, die in der „Gesellschaft der Singularitäten" eine ganz neue Subjektorientierung lebt. Für die alte Mittelklasse sieht die gegenwärtige Entwicklung dann so aus:

„Angesichts des Aufstiegs der neuen Mittelklasse droht man gewissermaßen statt Mitte und Maß nur noch Mittelmaß zu verkörpern und in den gesellschaftlichen Hintergrund zu treten, gleichsam kulturell, medial und politisch unsichtbar zu werden."[100]

Reckwitz übersetzt an einer Stelle sein Klassenmodell in die Sinus Milieus hinein[101]. Dabei kommt er zu dem Ergebnis, dass die neue, starke Mittelklasse bei den in den Sinus Milieus sogenannten „Expeditiven" „Performern", „Liberal-Intellektuellen" und „Sozialökologischen" Milieus vorherrscht und damit wird noch deutlicher: Es ist genau diese sich seit den 90er Jahren immer stärker herausprägende Schicht, die von den kirchlichen Angeboten kaum angesprochen wird bzw. diese kaum wahrnimmt. Um es zugespitzt zu formulieren: Das, was gemeinhin in den Kirchen getan wird, passt einfach nicht in das Verständnis von Leben und Lebensführung vieler Menschen in bestimmten Milieus bzw. Klassen hinein. Gleichzeitig sind es genau diese Menschen, die viele Themen unserer Zeit vorantreiben und Kultur, Wirtschaft und Wissenschaft prägen. Genauso wichtig ist aber auch, dass die „Alte Mittelklasse" eher die sind, die auch laut den Sinus Milieus noch einen relativ verbreiteten Zugang zur Kirche haben. Reckwitz ist an dieser Stelle auch wichtig, diese Klassen zu loka-

---

[100] Reckwitz, Ende, S. 97
[101] Reckwitz, Ende, S. 124

lisieren. Die „Neue Mittelklasse“ verortet er vor allem urban, die „Alte Mittelklasse“ eher in den dörflichen Gegenden. Es ist eben kein Zufall, dass die Abbrüche und der Bindungsverlust von Kirche in den Städten deutlich größer sind als im ländlichen Raum.

Die Stärke am Ansatz von Reckwitz ist, dass er damit unterschiedliche, ja gegensätzliche Dynamiken in unserer Gesellschaft gut beschreiben kann:

„Indem aus dem Erbe der nivellierten Mittelstandsgesellschaft die neue Mittelklasse emporsteigt, die prekäre Klasse absteigt und die alte Mittelklasse stagniert, ergibt sich in der westlichen Spätmoderne ein Nebeneinander disparater Lebenswelten und damit auch disparater Selbstverständnisse, Lebenschancen und Lebensgefühle, das es in dieser Deutlichkeit in der entfalteten Industriegesellschaft nicht gegeben hat.“[102]

Mir ist an dieser Stelle besonders wichtig, dass Reckwitz völlig disparate Formen von dem wahrnimmt, was man unter Kultur zu verstehen habe. Er beobachtet auf der einen Seite eine Kulturalisierung der Lebensformen,

„in der nach Selbstentfaltung strebende Individuen sich Versatzstücke der Kultur aus einem mobilen globalen Markt kultureller Güter zusammenstellen. Hierbei handelt es sich um ein kosmopolitisches Kulturverständnis, das man als Hyperkultur bezeichnen kann. Auf der anderen Seite ist eine Kulturalisierung zu beobachten, die sich auf das Kollektive richtet und sie als moralische Identitätsgemeinschaften aufbaut. Diese Kulturalisierung II arbeitet mit einem Innen-Außen Dualismus und gehorcht dem Modell homogener Gemeinschaften, die als imagined communities in die Welt gesetzt werden..... Die Spätmoderne ist durch einen elementaren Konflikt zwischen diesen beiden Kulturalisierungsregimen gekennzeichnet.“[103]

---

[102] Reckwitz, Ende, S. 126f
[103] Reckwitz, Ende, S. 30f

Sein Ausblick ist denn auch keineswegs optimistisch. In den für ihn denkbaren Szenarien kommt es durchaus zu verschärften Spaltungen und Spannungen und weiteren Erosionen, zu einem Anwachsen eines Gegenübers von scheinbar Gewinnenden und scheinbar Verlierenden bis hin zu einem möglichen „Abstieg" der westlichen Gesellschaften insgesamt. Gerade an diesem Szenario erkennt man, dass Reckwitz diese Konfliktlinien sowohl global als auch national sieht. Er kann von einer „grundsätzlichen Polarität zwischen Modernisierungsgewinnern und Modernisierungsverlierern" sprechen und sieht politisch im Aufkommen diverser Populismen einen wichtigen Indikator für die problematischen Folgen dieser Polarität[104].

In jedem Fall öffnet er die Augen für die dramatischen Verschiebungen in unserer Gesellschaft beginnend mit den siebziger Jahren des letzten Jahrhunderts, aber nochmal deutlich zunehmend in den letzten 20 Jahren. In dieser Gesellschaft mit diesen Verschiedenheiten leben wir und es dürfte gerade von der Verschiedenheit der Lebenswelten, der Lebenschancen und der Lebensgefühle nicht schwer sein, nachzuvollziehen, wie schwer es ist, als „Kirche" mit den traditionellen Formen und Angeboten hier Platz zu finden. Umso wichtiger ist es, sich auch theologisch genau darüber Rechenschaft abzulegen. Wie verhält sich das: „Kirche und Gemeinwesen"?

4.4. „Kirche der Menschen" als Teil des Gemeinwesens

Die letzten beiden Abschnitte haben sehr stark die gesellschaftliche Formation dargestellt, in der wir uns in der Spätmoderne befinden. Jetzt werfe ich den Blick wieder stärker auf die Kirche in dieser Gesellschaft.

---

[104] Reckwitz/ Rosa, Spätmoderne, S. 122, dort ist auf S. 118 auch eine Synopse von bürgerlicher Moderne, industrieller Moderne und Spätmoderne dargestellt, die sehr schön darstellt, wie groß die Transformation der Gesellschaft ist.

Grundlegend für eine „Kirche der Menschen“, das haben die Beispiele unter 3.) schon gezeigt, ist eine zunehmende Orientierung über die eigene Kirchengemeinde hinaus. Bei vielen Initiativen und Projekten, die man ja längst überall in der Kirche beobachten kann, spielt eine starke Außenorientierung die wesentliche Rolle. Pfarrer Adrian Micha Schleifenbaum beschreibt diese Haltung in seiner Dissertation sehr eindrücklich mit den Worten:

„Sie (sb, die Kirche) bemüht sich gar nicht erst, die Menschen ihrer Nachbarschaft so zu verändern, dass sie endlich in die Kirche kommen, sondern sie öffnet und verändert sich selbst so, dass die Kirche endlich in der Nachbarschaft ankommt.“[105]

Seine Untersuchung von Beispielen aus den Bereichen Fresh X und Gemeinwesendiakonie führen ihn zu einem starken „Plädoyer für mehr Zivilgesellschaft in der Kirche und mehr Kirche in der Zivilgesellschaft.“[106] Sehr beachtenswert ist schon sein Vorwort, in dem er allen Interessierten mit auf den Weg gibt, gute Beispiele nie kopieren zu wollen, sondern sie zwar als wichtige Informationsquelle zu nutzen, aber sich klar zu machen, dass Vor-Ort-Projekte „nicht für, sondern von, mit und in einem bestimmten Umfeld“ entstehen.[107] Genauso wird Subjektorientierung gelebt.

Theologisch gesehen möchte ich in Aufnahme der Ausführungen von Karl Barth nun vom Miteinander von Christengemeinde (mit ihrem Viererfeld, das schon zu sehen war) und Bürgergemeinde[108] reden und dabei von diesem Bild ausgehen.

---

[105] Schleifenbaum, Kirche als, S. 282

[106] Schleifenbaum, Kirche als, S. 281

[107] Schleifenbaum, Kirche als, S. 7

[108] Ich gebrauche an dieser Stelle die altertümlich anmutenden Begriffe von Barth: Christengemeinde und Bürgergemeinde.

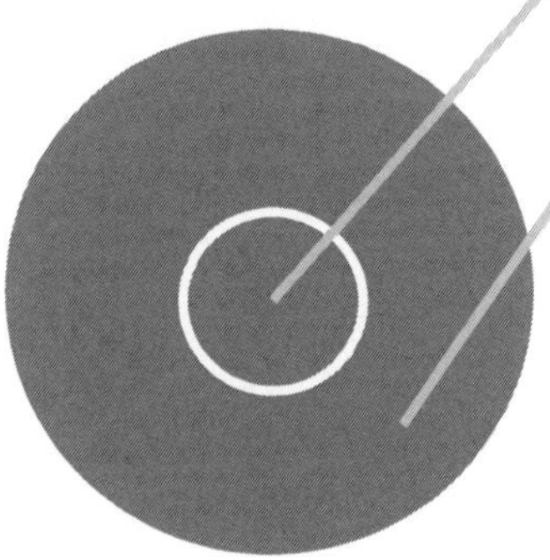

In der Theologie Barths ist die Frage, ob die Christengemeinde sich in der Bürgergemeinde zu engagieren habe, von diesem Bild her klar beantwortet: Ja, und zwar immer und überall, denn sie kann gar nicht anders. Nach Barmen V ist die Christengemeinde in der „noch nicht erlösten Welt“ genauso Teil der Welt wie auch die Bürgergemeinde. Und weil die Bürgergemeinde aus Christen und Nicht-Christen besteht, ist die Christengemeinde immer als kleinerer Kreis in der größeren Bürgergemeinde zu begreifen. Barth betont: „Und ihre Glieder (der Christengemeinde) befinden sich ja indem sie jenem inneren Kreis angehören, automatisch auch in jenem äußeren.“[109] Damit ist aber auch folgerichtig: „Es gibt unter den den Staat bedrückenden Probleme keines, welches nicht irgendwie auch die Kirche berühre“[110]. Und wenn Barth als Aufgabe der Bürgergemeinde grundlegend die Sicherung des Friedens, der Freiheit und der Humanität ihres Lebens und Zusammenlebens[111] sieht, dann gilt:

„Indem die Christengemeinde sich für die Bürgergemeinde mitverantwortlich macht, beteiligt sie sich ... an dem menschlichen Fragen

[109] Barth, Christengemeinde, S. 57
[110] Barth, Christengemeinde, S. 51
[111] Vergl. Barth, Christengemeinde, S. 50

nach der besten Gestalt, nach dem sachgemäßesten System des politischen Wesens."[112]

Material meint Barth hier einerseits das Gebet. Die Christengemeinde betet für die Bürgergemeinde, aber unerlässlich; unbedingt dazugehörig ist für ihn auch das, was er in einem aufgezeichneten Gespräch aus dem Jahre 1963 so formuliert hat:

„Sie (sb, die Kirche) erinnert Christen und auch Nicht-Christen an ihre politische Verantwortlichkeit. Eben bitte auch die Christen! Es gibt da keine Drückebergerei. Man kann da nicht abseits schleichen in irgendeine kleine fromme Kapelle oder auf irgend so ein Friedenskänzelchen, wo man dann eine ganz saubere Musik da macht, sondern man ist verantwortlich und sehe zu – man sehe zu, jawohl! – zu was man da ja sagen muss und zu was man dann eventuell auch nein sagen muss."[113]

Wer von dieser theologischen Einsicht herkommt, der wird sich also als Gemeinde, als Kirche in der Region, als Dekanat, als Gesamtkirche, als einzelner Christ, als Christin zwangsläufig intensiv in der Bürgergemeinde, in der Gesellschaft, in Stadt und Dorf, im Quartier und in der Nachbarschaft einbringen. Es ist aus dieser Sicht theologisch nicht möglich, nicht gemeinwesenorientiert unterwegs zu sein. Es gehört zum Kirche-Sein wesentlich dazu.

Gleichfalls muss aber in einer „Kirche der Menschen" noch viel stärker berücksichtigt werden, was Reckwitz mit seinen Aussagen über die Disparatheit von Lebenswelten, Selbstverständnissen, Lebenschancen und Lebensgefühle in den Mittelpunkt rückt: Diese Disparatheit müsste sich auch in einer „Kirche der Menschen" noch viel stärker ausdrücken. Wenn die Christengemeinde so mitten in der Bürgergemeinde ihren einzig denkbaren Ort hat, dann tut sie gut daran, die

[112] Barth, Christengemeinde, S. 58
[113] Barth, Gespräche, S. 64

Disparatheit der Gesellschaft noch ganz anders abzubilden, zuzulassen, aufzunehmen als es bislang aus meiner Wahrnehmung heraus geschieht. In vielen kirchlichen Diskussionen steht genau das, was Reckwitz beobachtet und beschreibt als kulturelle Schablone im Hintergrund: Öffnung und Schließung, drinnen und draußen, wer gehört dazu und wer nicht, Markenkern stärken oder sich vermeintlich anpassen. Für mich gilt: Wenn Kirche für sich einen in den Transformationsprozessen an vielen Orten zu hörenden Satz tatsächlich leben will, nämlich nah bei den Menschen zu sein, dann muss sie sich neu und anders als Teil dieser Gesellschaft verstehen und beherzigen, was theologisch auszusagen ist: Zur Kirche gehört wesentlich dazu, sich als Teil des Gemeinwesens zu verstehen. Sie kann gar nicht anders.

Das aber wird dann aber auch dazu führen, dass die Organisation Kirche sich der Frage nach der Mitgliedschaft, nach drinnen und draußen neu stellen muss.

4.5. „Kirche der Menschen“: Wer gehört dazu?

Für Martin Luther ist der Zusammenhang zwischen Taufe und Glaube wesentlich und somit könnte man auf den Gedanken kommen, dass die Frage nach drinnen und draußen, wer gehört zur „Kirche der Menschen“ dazu und wer nicht, einfach zu beantworten sei: Wer getauft ist und glaubt, der gehört dazu und wer nicht getauft ist und nicht glaubt, der steht draußen. Aber so einfach ist es nicht, ganz im Gegenteil:

- Empirisch gesehen hat es allein in 2021 rund 280.000 Menschen in unserem Land gegeben, die als getaufte Mitglieder der Evangelischen Kirche ihre Mitgliedschaft mit dem Austritt beendet haben. Addiert man die Kirchenaustritte der letzten 10 Jahre für die evangelische und die katholische Kirche zusammen, dann kommt man auf eine Zahl von mehreren Millionen getaufter, aber zwischenzeitlich ausgetretener Menschen in unserem Land[114]. Keineswegs alle, so wissen wir aus Befragungen, verbinden damit aber die Aussage, dass sie auch nicht mehr glauben würden[115]. Der sichtbaren Organisation Kirche gehören sie also aus eigenen Stücken nicht mehr an, aber wie steht es um ihre Mitgliedschaft in der unsichtbaren Kirche?

- Und was ist mit denen, die zwar formal Mitglied und damit getauft sind und durchaus auch ihrer Pflicht der Bezahlung der Kirchensteuer nachkommen, aber von sich selbst sagen, dass sie nicht glauben (können), aber dennoch in der Kirche bleiben? Sie gehören der sichtbaren Organisation Kirche an, aber auch der unsichtbaren Kirche?
- Und noch schwieriger wird es, wenn man den Glauben nicht als Besitz, sondern theologisch begründet als reines Geschenk versteht und damit deutlich macht, dass es sich beim Glauben um einen fides adventus, einen ankommenden Glauben handelt, den man selbst nicht hervorbringen kann, den man auch nicht „hat" und niemals besitzt wie man materielle Dinge besitzen kann. Wie sich nach Martin Luther Glauben erschließt, hat z.B. Melanie Bei-

---

[114] Vergl. Kirchenaustritte nach Konfessionen bis 2021 | Statista, zuletzt aufgerufen am 21.8.22

[115] Petra-Angela Ahrens (Kirchensoziologin am Sozialwissenschaftlichen Institut der Evangelischen Kirche Deutschlands / EKD) sagte dazu in einem Interview auf die Frage: „**DOMRADIO.DE:** Immer wieder sagen Leute auch: "Glauben kann ich auch ohne Kirche". Ist das bei beiden Konfessionen etwa gleich? Ahrens: Das ist bei beiden Konfessionen etwa ähnlich. Im Übrigen sagt das überraschenderweise eine große Mehrheit. Das spielt an das "Christsein ohne Kirche" an. Ich bin eigentlich immer davon ausgegangen, dass das eine leichte Begründung und Rechtfertigung ist, die man sich im Nachhinein zulegt. Aber tatsächlich zeigt sich bei den Ausgetretenen beider Konfessionen, dass diejenigen, die dieser Aussage zustimmen, noch etwas religiöser sind als die anderen. Da ist also wirklich etwas dran", hier: Neue Studie offenbart Gründe für Kirchenaustritte - DOMRADIO.DE, zuletzt aufgerufen am 21.8.22

ner in ihrer Untersuchung zu Luthers Schrift „Vom unfreien Willen“ beschrieben. Luther versteht „das Geschehen des Glaubens als ein passives Erleben, als `Ergriffenwerden´ und `Hingezogenwerden´ zu Christus.“[116]

- Und dann schauen wir wieder auf konkrete Menschen und bekommen vielleicht auch bei uns selber mit, dass es in verschiedenen Lebensphasen auch unterschiedliche Formen der Nähe und verschieden große Distanzen, viele Zugänge, unterschiedliche Verständnisse, Anfragen, Anfechtungen, Zweifel in Bezug auf den Glauben geben kann. Man „hat“ den Glauben auch selber nicht.
- Und dann schauen wir auch noch theologisch auf die Taufe und vernehmen wenigstens eine Minderheit von Christen, die aus ihrer Sicht biblisch begründet die Taufe als Antwort des Menschen auf Gottes Kommen und damit als eine Antwort aus dem Glauben heraus versteht. Karl Barth hat diese Sicht im 20. Jahrhundert stark gemacht und damit die Abfolge von (Säuglings-) Taufe und Glauben umgedreht.
- Und zum Schluss ist mir wichtig, welche Gedanken die Landesbischöfin der Nordkirche, Kristina Kühnbaum-Schmidt, im Zusammenhang mit der kirchlichen Trauung des Ehepaars Lindner im Sommer 22 in ihrem Synodenbericht geäußert hat:

  „Wenn Kirchenmitgliedschaft und die damit verbundene Zahlung von Kirchensteuer so eng miteinander verbunden werden, dass daraus exklusive Rechte auf Segenshandlungen abgeleitet werden, bedarf es auch einer eingehenden Debatte zum Verständnis von Kirchenmitgliedschaft und dem, was „Segen“ eigentlich meint. Nämlich kein Irgendwie-ganz-gut-Finden, auch kein harmlosschönes Zusichern von Schutz und Begleitung mit vielen guten Wünschen, sondern in erster Linie das, was Dietrich Bonhoeffer so formuliert hat: Segnen heißt, die Hand auf etwas legen und sa-

[116] Beiner, Intentionalität, S. 83

gen: Du gehörst trotz allem Gott. So tun wir es mit der Welt, die uns solches Leiden zufügt. Wir verlassen sie nicht, wir verwerfen, verachten, verdammen sie nicht, wir geben ihr Hoffnung, wir legen die Hand auf sie und sagen: Gottes Segen komme über dich."[117]

Aus all diesen Erwägungen heraus sind mir folgende Sätze in Karl Barths Schrift „Christengemeinde und Bürgergemeinde" so wichtig, weil sie eine klare Bestimmung von drinnen und draußen gerade aus Gründen des unverfügbaren Glaubens in Frage stellen:

„Christen und Nicht-Christen, wahre und zweifelhafte Christen sind ja auch in ihr (sb, der Kirche) von ferne nicht reinlich voneinander zu scheiden. … Bewusstsein von Gott ist Eines, Sein in Gott ein Anderes. Das Wort und der Geist Gottes sind in der Christengemeinde ebenso unverfügbare Größen wie in der Bürgergemeinde. Ihr Bekenntnis kann erstarren und leer werden….. Auch die Kirchengemeinde `hat´ ja weder den Glauben noch die Liebe noch die Hoffnung (sb, als Besitz)."[118]

Überhaupt herrscht bei Karl Barth eine Tendenz vor, „Kirche" nicht an äußeren Mitgliedschaftsmerkmalen festzumachen, sondern am Tun, am Handeln und vor allem am Bezeugen dessen, was man glaubt. Deswegen konnte Karl Barth schon 1934 in „der Christ als Zeuge" Sätze schreiben wie:

- „Wo das dynamische Wort des Zeugnisses gesprochen und gehört wird, da ist die Kirche"; oder
- „Kirche, Gemeinde, im Sinne der Heiligen Schrift ist der Ort, wo dieser Prozess zwischen Gott und Mensch geführt wird, in dem Gott diese seine Zeugen auf den Plan führt", und auch:

[117] Kühnbaum-Schmidt, Bericht am 15.9.22 vor der Synode der Nordkirche, S. 17, hier: Synode_092022_TOP_2.1_Bericht_der_Landesbischoefin.pdf (nordkirche.de)
[118] Barth, Christengemeinde, S. 59

- „Zeugnis ist ein menschliches Wort, dem von Gott die Mächtigkeit gegeben ist, anderen Menschen"...... „Gott(es) in Erinnerung zu rufen. Wo menschliches Wort diese Mächtigkeit hat, da ist die Kirche."[119]

Aus all diesen verschiedenen Facetten ergibt sich für mich, dass nur die Subjekte selber ihr Verhältnis zum Glauben und damit auch ihren Anteil am Priestertum aller Getauften und Gläubigen klären können und selbst das kann dann nur eine jeweilige Momentaufnahme sein. Von außen ist eine Beurteilung völlig unangebracht. Die „Kirche der Menschen" tut gut daran, einladend und offen für alle zu sein und zu wirken. Niemand, und schon gar nicht aus irgendwelchen formalen Gründen, darf ausgeschlossen werden. Wenn also Christengemeinde und Bürgergemeinde als zwei Kreise gezeichnet werden, so darf man dies nicht als Grenzziehungen verstehen. Eine Selbstabschließung des inneren Kreises, der Christengemeinde, vom äußeren Kreis, der Bürgergemeinde, kann es theologisch gesehen nicht geben. Für die praktische Arbeit entfällt damit aber auch ein Denken in „drinnen und draußen". Die „Kirche der Menschen" meint alle und rechnet mit der Möglichkeit räumlich und zeitlich punktueller Teilnahme und Teilhabe.

Diese Grundausrichtungen wollen erprobt und nach und nach eingeübt sein. Sie können langsam zu Haltungen werden, die die ganze Gemeinde und Kirche durchdringen. Das geschieht nicht von heute auf morgen. Deswegen ist so wichtig, was an vielen Orten schon spürbar ist: Kirche versucht, Kirche probiert aus, ja, Kirche erprobt, Kirche ermöglicht Innovation. Das bedeutet ein neues Lernen gerade bei vielen Haupt- und Ehrenamtlichen, das im Folgenden zu beschreiben ist.

---

119 Barth, Zeuge, S. 185

4.6. Innovation ermöglichen

In der evangelischen Kirche greift die Haltung des Ermöglichens um sich. Philipp Elhaus beschreibt sehr schön wie der „Innovationsbegriff" in der EKD und deren Gliedkirchen an Bedeutung gewonnen hat und u.a. in die 12 Leitsätze der EKD eingeflossen ist[120]. Ausdrücklich ist dort nämlich im Leitsatz 9 als Teil der Zukunft unter der Überschrift „Mitarbeitende" ausgesagt:

„Die evangelische Kirche hat begonnen, mehr Raum für innovative Projekte zu schaffen, neue und ungewöhnliche Wege zuzulassen und kreative Aufbrüche zu ermöglichen. Leitungsverantwortliche sollen auch besondere Begabungen (Charismen) erkennen und gezielt fördern. Für befristete Projekte, Erprobungsräume und kreative Experimente stellen wir Ressourcen bereit und Mitarbeitende frei. Circa zehn Prozent der kirchlichen Haushalte sollten hierfür als „geistliches Risikokapital" zur Verfügung gestellt werden."[121]

Dieser Leitsatz ist eine gute Orientierung. Nach Elhaus sind mittlerweile neun Landeskirchen mit Erprobungsräumen oder vergleichbaren Innovationen dabei, diese Haltung des Ermöglichens zu stärken[122], die EKKW kommt zwischenzeitlich als zehnte dazu[123]. Und bei seinem Vergleich dieser Ermöglichungsräume kommt Elhaus neben der von ihm festgestellten Vielfalt der Projektausrichtungen und Inhalte zu dem Ergebnis:

„Den gemeinsamen Nenner bilden eine konsequente Außerorientierung an den diversen Kontexten sowie eine intendierte Reichweiten-

---

[120] Elhaus, Kirche im, S. 39

[121] Hinaus ins Weite - Kirche auf gutem Grund. Zwölf Leitsätze zur Zukunft einer aufgeschlossenen Kirche (ekd.de), S. 29, zuletzt aufgerufen am 8.10.22

[122] Vergl. Elhaus, Kirche im, S. 41f.

[123] Zur EKKW siehe die Meldung vom 9.3.22 hier: https://www.ekkw.de/aktuell/meldung/aktuell_35027.htm, zuletzt aufgerufen am 22.8.22

vergrößerung für diverse Formen der Kommunikation des Evangeliums. So erweisen sich die landeskirchlichen Erprobungsräume bzw. Innovationswerkstätten als vitales und produktives Feld evangelischer Pluralität im Bereich von (neuen) Sozialräumen und kirchlichen Präsenzen."[124]

Gelebt werden diese Räume vor Ort, regiolokal[125] und zunehmend digital. Damit sie überhaupt leben können, braucht es Leitungen auf landeskirchlicher Ebene, die solche Ermöglichungsräume befördern. Was sollten diese tun:

- Freistellungen und besondere Beauftragungen für Personen aussprechen.
- Finanzmittel bzw. finanzielle Anreize zum Erproben und Ausprobieren für einen begrenzten Zeitraum bereitstellen.
- Für Koordination und Austausch der Projekte untereinander und über die landeskirchlichen Grenzen hinaus sorgen. Vernetzung ist wichtig.

Vor Ort und digital braucht es Haupt- und Ehrenamtliche, die diese „Kirche der Menschen" leben. Dabei geht es für die damit angesprochenen Ehrenamtlichen, Berufstätigen und für das ordinierte Amt vor allem um das Leben einer Ermöglichungskultur, die wesentlich von bestimmten Haltungen geprägt ist. Als Stichworte seien hier genannt[126]:

- Gott und seinen Zusagen vertrauen und ihnen viel zutrauen;
- Freude an vielfältigen Lebens-, Glaubens und Gotteserfahrungen;
- andere Kirchen- und Gemeindebilder wahrnehmen und wertschätzen;

---

[124] Elhaus, Kirche im, S. 42

[125] Siehe hier Teil 3, Punkt 7

[126] Intensiv habe ich einzelne weitere Aspekte in „Ermöglichen" ab S. 98 besprochen.

- vielfältige Formen von (fester und loser) Bindung und Gemeinschaft gerne zulassen;
- hören, fragen, erzählen, feiern;
- machen und vor allem machen lassen;
- mobil unterwegs sein;
- digital ist normal;
- scheitern als wichtige Lernquelle sehen und nutzen;
- eigene Macht und Einfluss loslassen;

Im Folgenden noch einige Umschreibungen bzw. Präzisierungen zu diesen Haltungen:

✓ Gott und seinen Zusagen vertrauen und ihnen viel zutrauen

Die Haltung des Ermöglichens ist eine geistliche Haltung, die dem Kommen Gottes entspricht. Von diesem Kommen her eröffnen sich dem Menschen neue Möglichkeiten weit über unsere bestehende und vorfindliche Wirklichkeit hinaus. Nicht die gegenwärtige Wirklichkeit möge unser Leben bestimmen, sondern diese neuen Horizonte, die Gottes Handeln an und in der Welt, vor allem aber an den Menschen eröffnet[127].

✓ Freude an vielfältigen Lebens-, Glaubens und Gotteserfahrungen

Als Beispiele seien hier genannt:

- In der „Kirche der Menschen“ leben traditionelle, bewährte Formen und Zeiten von Gottesdiensten und Gruppen und Kreisen, weil sie von (zahlenmäßig allerdings weniger werdenden) Menschen genauso gewollt und gebraucht werden.

---

[127] Siehe hier Teil 1, Punkt 5

- Wer sein wie auch immer für sich inhaltlich begriffenes Christentum diskret leben will, der nehme sich alle Möglichkeiten von Distanz und dann vielleicht auch punktueller Nähe so wie die Person es für sich braucht.
- Wenn eine Gemeinde gemäß dem gabenorientierten Ansatz mehr Ehrenamtliche als Subjekte ansprechen und ihnen für ihr von ihnen selbst gewähltes Ehrenamt Raum und Zeit gibt, dann ist das nur zu begrüßen.
- Wenn Menschen auf den Ruf „Wir haben eine Kirche – haben Sie eine Idee?“ Ideen und eigene Erfahrungen einbringen, dann freut das genauso wie die „Inbesitznahme“ z. B. von Kirche und Gemeindehaus durch Menschen im Gemeinwesen zum Besten von Dorf oder Stadt.
- Wenn sich Haupt- und Ehrenamtliche an neue Orte wagen, um Glauben zu feiern, tatkräftig zu handeln, zu segnen, zu taufen, dann ist das ein immer wichtiger werdender Teil der „Kirche der Menschen“.
- „Kirche der Menschen“ wird möglicherweise an nicht wenigen Orten gerade wegen ihres Gemeinwesensbezugs zu Entscheidungen kommen, die traditionell äußeren Merkmale von Kirche, Kirchengebäude und Gemeindehaus, völlig umzubauen, umzunutzen oder gar ganz auf diese Gebäude zu verzichten, sie also aufzugeben. Die Menschen vor Ort werden stattdessen viel stärker danach fragen, was unmittelbar lebensdienlich gebraucht wird und eben genau das dann aufbauen. Vesperkirchen auf Zeit sind schon ein gutes Beispiel für dieses Engagement in so vielen Städten. Was hier schon alles weiter möglich und verwirklicht ist, zeigen z.B. auch die Diakoniepunkte in Pforzheim. Hier wird Gemeinwesenarbeit, Leben im

Stadtteil ganz praktisch.[128] Für mich auch ganz wichtig sind Überlegungen, in mindestens einem Mannheimer Stadtteil ganz neue Räumlichkeiten für dieses Zusammenleben einzurichten, aufzubauen und im Gegenzug auf vorhandene, aber nicht mehr als zweckdienlich zu bezeichnende Gebäude zu verzichten.

- Viele Menschen sind im Sinne des allgemeinen Priestertums z. B. in den sozialen Medien unterwegs. Dies wahrzunehmen bereichert die Sicht auf die Vielzahl an Formen Glauben heute zu leben, ihn auszudrücken, sich mitzuteilen.

✓ **Andere Kirchen- und Gemeindebilder wahrnehmen und wertschätzen**

So vielfältig die Art und Weise ist, Glauben und Religiosität zu leben, so vielfältig sind auch die damit verbundenen Bilder von Kirche und Gemeinde. Das ist so, das darf sein, das darf in Lebensphasen auch variieren. Jedes Subjekt soll das für sich selbst entscheiden und für jede Entscheidung Wertschätzung erleben. Das eigene Kirchen- und Gemeindebild ist nur ein Teil des Ganzen, es realisiert nur eine Möglichkeit. Das Ganze der Kirche ist aber viel mehr als nur dieses eine Teil.

✓ **Vielfältige Formen von (fester und loser) Bindung und Gemeinschaft gerne zulassen**

So vielfältig die Art und Weise ist, Glauben und Religiosität zu leben, so vielfältig sind auch die damit verbundenen Arten von Bindungen. Das ist so, das darf sein, das darf in Lebensphasen

[128] Vergl.: https://www.diakonie-pf.de/abteilung-gemeinwesendiakonie/diakoniepunkt-broetzingen/index.html, zuletzt aufgerufen am 9.10.22

auch variieren. Jedes Subjekt soll Nähe und Distanz, Verbundenheit und Abstand für sich selbst entscheiden und für jede Entscheidung Wertschätzung erleben.

✓ **Auf-hören, fragen, erzählen, feiern**

Die „Kirche der Menschen" ist geprägt vom Hören und Fragen. Gehört wird auf die je eigenen Lebens- und Glaubens- und Gotteserfahrungen. Gefragt werden andere Menschen nach deren Lebens-, Glaubens- und Gotteserfahrungen. So kommt man ins Erzählen und ins miteinander Feiern dieser so vielfältigen Erfahrungen. So bildet sich vielfältige Gemeinschaft. Hartmut Rosa hat in einem Vortrag beim Würzburger Diözesanempfang 2022 in unserer Gesellschaft eine „Krise der Anrufbarkeit" herausgestellt und demgegenüber klargemacht, dass ein Resonanzgeschehen ganz stark davon abhängt, ob und dass man selbst in einen Modus des „Aufhörens" versetzt werde[129]. Man selbst hört auf etwas außerhalb von einem selbst und das bewegt einen, das macht etwas mit einem selbst ohne dass man zu Beginn sagen könne, wohin es einen bringen könnte. Diese Bemerkungen sollen deutlich machen wie sehr wechselseitiges Auf-hören, Erzählen oder auch Feiern oder Tun resonante Ereignisse für die Beteiligten werden können.

✓ **Zusammen machen und vor allem andere machen lassen**

- Diese Haltung ist ganz schwierig in einer Institution, die seit über 100 Jahren das Gegenteil nicht nur wollte, sondern gelebt hat und erst jetzt zunehmend und überall zu der Einsicht kommt: Es geht nur noch im Team.

---

[129] Rosa, Würzburg, Würzburger Diözesanempfang 2022 - YouTube, ab 50:50, zuletzt aufgerufen am 17.9.22

- Das betrifft zunächst die Zusammenarbeit im Inneren, in einem Team und zwar sowohl über die Grenzen des eigenen Berufsstandes wie auch über die Grenzen der eigenen Parochie hinaus.
- In den Herausforderungen der Flüchtlingsbewegungen 2015 und 2021 wurde vielerorts eingeübt, im Gemeinwesen ganz neu und anders mit weiteren Teilen der Zivilgesellschaft und der öffentlichen Hand zusammenzuarbeiten.
- Und längst wird deutlich, wie wichtig es ist, andere zusammen machen zu lassen, Selbstwirksamkeit zu ermöglichen, Raum zu geben, Menschen einfach machen zu lassen.

✓ **Mobil unterwegs sein**

Die Pandemie hat es an vielen Orten notwendig gemacht: das Rausgehen. Aber einige waren schon längst unterwegs. Seit September 2018 gibt es in der Nordkirche das Projekt „Kirche im Dialog
In deren Grundbeschreibung heißt es u.a.:

„Unser Kompass ist der Kontext
Zum Dialog gehört der Perspektivwechsel – weg von uns selbst hin zu den Menschen, die uns umgeben. Guck-Rohr und Echolot sind deshalb die wichtigsten Instrumente von Kirche im Dialog. Wen haben wir auf dem Radar, was haben wir aus dem Blick verloren? Wo treffen wir als Kirche auf Resonanz und wo laufen unsere Signale ins Leere?
Unser Auftrag ist es, die Kompassnadel auf unsere Umgebung auszurichten und uns von ihr anregen zu lassen: Das tun wir in Projekten, in Schwerpunktthemen oder in Form von Empowerment und Beratung – wir forschen, inspirieren, machen.“[130]

[130] https://www.kircheimdialog.de/ zuletzt aufgerufen m 2.9.22

Und als eine Projektform wird dort die sogenannte Pop up church immer wieder gelebt und so beschrieben:

„Die Idee ist, Kirche mit einem Aktionsnetzwerk aus 10 bis 15 Pastor:innen und Vikar:innen an verschiedenen Orten und zu verschiedenen Zeiten überraschend auftauchen lassen. Und zwar mitten im Leben, um dabei auf unkonventionellem Wege mit Menschen über die großen Fragen des Lebens ins Gespräch zu kommen. 2019 haben wir am Internationalen Tag der Gewalt gegen Frauen und Mädchen Namen von betroffenen Frauen am Hamburger Hauptbahnhof gesammelt und sie in die Fürbitte vor Gott gebracht. Im Sommer 2020 standen wir am Elbstrand mit einem großen Plakat, das fragte: „Wofür stehst du auf?“ Und zum Buß- und Bettag 2020 haben wir uns mit kleinen bunten Glasscherben auf die Straße gestellt, auf die Menschen Namen schreiben konnten für jemanden, den sie um Verzeihung bitten wollen. Diese Form des Dialogs ist windig, berührend und anstrengend zugleich – sie sei jedem Menschen empfohlen, der wissen will, wo Kirche heutzutage steht und fällt.“[131]

Diese Pop-Up-Kirchenidee lebt inzwischen an vielen weiteren Orten. In Mainz z.B. taucht mitunter ein coffee bike auf und lädt nicht nur zu einem Kaffee ein, sondern zum Gespräch, zum Erzählen, zum Fragen oder wie auch immer.[132]

✓ **Digital ist normal**

Unter 3.4. sind wichtige Beispiele von Menschen aufgeführt, für die es längst Teil ihres Lebens geworden ist, sich auf Social Media Kanälen auch und gerade über letzte Fragen des Lebens auszu-

[131] https://www.feinschwarz.net/religioese-resonanzen-ausloten-ueber-das-prinzip-kirche-im-dialog/ zuletzt aufgerufen am 2.9.22

[132] https://mainz-evangelisch.de/nachrichten/detailansicht/news/beim-kaffee-von-kirche-traeumen.html ,zuletzt aufgerufen am 17.9.22

tauschen. In der Kirche engagierte Menschen tun gut daran, dies wahrzunehmen, denn klar ist: die Bedeutung des digitalen Raums wird weiter wachsen. Zuerst ist es vielleicht nur ein Hineinhören in das „Rauschen", das dort herrscht. Schön wäre es, wenn man dann selbst zu Erzählenden, Mitredenden, Fragenden werden würde, um dann selber das spüren zu können: digital ist normal.

✓ **Scheitern als wichtige Lernquelle sehen und nutzen**

Schauen wir einen Moment nach Mexiko. „Im Jahr 2012 unterhielten sich ein paar Freunde in Mexiko Stadt nach dem einen oder anderen Drink über ihr unternehmerisches Scheitern und bemerkten, wie gut ihnen diese Gespräche taten. Daraus entwickelte sich das Konzept der Fuckup[133] Night – eine Veranstaltung, die mittlerweile weltweit in mehr als 100 Städten stattfindet"[134]. Jessica Fichtel spricht sogar von einer „neuen Kultur des Scheiterns" auch in Deutschland und führt aus: „Das Konzept der Fuckup Night sieht vor, das Thema Scheitern locker und auch auf humoristische Weise aufzugreifen und vor allem offen und ehrlich über persönliche und berufliche Fehler zu sprechen. Das Ober-Thema der Veranstaltungen könnte auch `Lerne aus den Fehlern der anderen und akzeptiere deine eigenen´ lauten."[135]

Insgesamt beschreibt sie die Ziele dieses Veranstaltungsformats wie folgt:

- Scheitern als reale Möglichkeit akzeptieren,
- aus den Fehlern anderer lernen,

[133] Fuckup heißt zu deutsch „Versager, Versagerin, Versagen"

[134] Fichtel unter https://arbeits-abc.de/fuckup-nights/ - Es gibt auch eine internationale Website, die u.a. auch alle Veranstaltungsorte und -zeiten aufführt: https://fuckupnights.com/, zuletzt aufgerufen am 8.10.22

[135] Fichtel, ebenda

- die eigenen Fehler nicht zu ernst nehmen,
- verinnerlichen, dass Scheitern zum Erfolg gehört,
- gestärkt aus Rückschlägen hervorgehen,
- aufzeigen, dass Scheitern auch eine Chance und einen Neuanfang bedeuten kann.

Vielleicht macht diese Aufzählung deutlich, wie gut es auch in der Kirche sein würde, wir könnten uns so dem Thema „Scheitern" nähern, um die größten Lernerfahrungen eben genau daraus zu ziehen.

✓ **Eigene Macht und Einfluss loslassen**

Christian Weise berichtet in seinem Studienbericht von Verantwortlichen, die in großer Offenheit mitteilen, wie schwer ihnen diese Veränderung der Haltung mitunter gefallen ist, Es ist schwer „einfach zuzuschauen" und „es eben zu lassen"[136] zitiert er dort Personen. Da geht es sicher darum, dass man andere machen lässt und eventuell das Gefühl hat, es selbst nicht nur anders, sondern vielleicht auch „besser" machen zu können. Aber diese Selbstzurücknahme des eigenen Tuns und auch der eigenen Bewertung und damit zugleich das Steigern der Selbstwirksamkeit von „anderen" Personen werden einem selbst verdeutlichen, dass man selbst eben auch nur eine bestimmte Milieugruppe ansprechen kann.

An dieser Stelle muss nun aber auch über das Thema „Macht" geredet werden. Auch wenn Entscheidungsorgane ihre formale Macht behalten, so lebt die „Kirche der Menschen" davon, dass viele mit ihren jeweiligen Verhaltensweisen gestalten, in ihrer

[136] https://dekanat-rheingau-taunus.ekhn.de/fileadmin/content/dekanat-rheingau-taunus/rheingau-taunus/Download/Dekanat_2030/Stippvisite_in_der_Zukunft_der_Kirche_c.weise_2021.pdf, S. 34, zuletzt aufgerufen am 8.10.22

Sprache reden, bezeugen, erzählen, im Gespräch sind, Ideen einbringen. Größere Vielfalt, das muss man sich eingestehen, bedeutet immer auch, dass mehr Menschen mitreden und damit auch inhaltlicher Einfluss und damit auch „Macht“ sich neu verteilen werden. Welche Formen, welche Ideen, welche Prozessabläufe und Beteiligungsmöglichkeiten finden Resonanz und welche nicht? Was bedeutet es und was macht es mit Beteiligten, wenn sich diese Resonanzen sehr ungleich verteilen? Ich behaupte, dass in einer „Kirche der Menschen“ Inhalte über die sich einstellenden Resonanzen einen viel größeren Einfluss und damit auch Wirkmacht bekommen werden und halte dies auch für richtig und wichtig. Konkret gesprochen: Es wird sich immer weniger begründen lassen, warum an den Sonntagen im Kirchenjahr mit Ort und Zeit festgehalten wird, wenn dort immer weniger Menschen in Resonanz gehen wollen. Stattdessen könnte immer deutlicher werden, dass lebensbiographische Gottesdienste auch an anderen Orten und zu anderen Zeiten ebenso immer größeren Zulauf erhalten wie digitale Formate. Wer entscheidet über Gottesdienstkonzepte dann auf welcher Grundlage?

Zeigt dieses Beispiel nicht schon, dass es bei „Kirche der Menschen“ nicht nur um die Möglichkeit der Beteiligung und der Mitverantwortung, sondern dann auch um die Möglichkeit einer Mitentscheidung geht?

Umso mehr braucht es aber sicher eine möglichst breite theologisch-geistliche Verständigung über den Auftrag und das Wesen der Kirche.

Warum braucht es „Kirche der Menschen“ in dieser Offenheit? Braucht es nicht klare Orientierung, einen Rahmen, gesetzte Inhalte, Bekenntnisse? Ist „Kirche der Menschen“ denn als Gemeinschaft überhaupt noch erkennbar und unterscheidbar von anderen

Gemeinschaften? Darüber muss geredet werden, das muss miteinander diskutiert werden. Ich halte gerade die Auseinandersetzung über solche Themen für sehr wichtig, denn nach meiner Beobachtung leidet die Kirche darunter, dass zu wenig über Inhalte im guten Sinne gerungen wird: Was ist möglich? Wohin soll es gehen? Was steht im Mittelpunkt? Wie ist der Auftrag der Kirche als Kirche vor Ort zu verstehen? Ich jedenfalls sehe diese Kirche als eine „Kirche der Menschen", in der alle Lebens-, Glaubens- und Gotteserfahrungen leben sollen.

5.) „Kirche der Menschen“ mit allen Lebens-, Glaubens- und Gotteserfahrungen leben

„Ich glaube, die Zeit der großen Vorträge, wo einer stundelang redet, und die Anderen sind verdammt, dem nun zuzuhören, was dem alles in den Sinn gekommen ist, was er da aufs Papier gebracht hat oder was durch seinen Kopf geht, diese Zeit ist vielleicht – nicht nur für mich, sondern vielleicht überhaupt ein bisschen vorbei. Sondern was wir nötig haben in der Theologie und in der Kirche sind...: Gespräche.... Dass man miteinander redet und miteinander dann vorzudringen sucht zu Antworten statt dass da jemand irgendwie, als ob ihm der Heilige Geist diktiert hätte, den Anderen etwas vorzutragen wagt.“[137]

Die Aussagen Karl Barths aufgezeichnet in einem Gespräch mit der Kirchlichen Bruderschaft aus Württemberg aus dem 1963 öffnen den Weg. Er, der große Dogmatiker, sagt fast am Ende seiner Schaffenskraft, dass es darum ginge, im Gespräch miteinander nach Antworten zu suchen. Seine Antwort auf die ihm gestellte Frage war denn möglicherweise ganz anders als erwartet. Die Frage lautet: „Wie könnte die Gemeinde in rechter Weise bei ihrem Amen auf das gehörte Wort behaftet werden?“[138]

Die Antwort des „späten“ Karl Barths macht zunächst klar, dass das Amen der Gemeinde nur eine Antwort sein könne „auf das Amen, das wieder von ganz anderer Seite (sb, von Gottes Seite) gesprochen wird“. Ausdrücklich sagt Barth nicht mehr, dass der „Pfarrer, der Prediger, der Diener am Wort“ ... „das Wort zu verkündigen hat“, sondern:

[137] Barth, Gespräche, S. 44
[138] Ebenda

„Wenn es ein gutes Wort ist, so kann es eben nur das Wort eines..., ja, eines Zeugen sein, der seinerseits etwas gehört hat, und nun den anderen sagt: so habe ich es gehört, hört ihr´s nicht auch?“[139]

Ich halte dieses Wort von der Zeugenschaft für wichtig, denn es macht deutlich, dass es zunächst um das subjektive Zeugnis einer einzelnen Person geht, die dann darum bemüht ist, Einverständnis mit anderen so herzustellen, dass gesagt werden kann: Ja, so habe ich es auch gehört. Dieses dialogische Element ist zentral. Bei der „Kirche der Menschen“ geht es genau um solche Gespräche, um solchen Austausch: „Ich habe es so gehört oder erfahren, hörst Du es nicht auch so, hast Du es auch so erfahren? So beginnt der Austausch.

Natürlich steht bei Barth die Bezogenheit auf Jesus Christus bleibend im Mittelpunkt, aber selbst das von ihm lange Zeit verpönte Wort des „Erlebens“ kann er in der richtigen Konnotation sehr wohl in seine Denkrichtung einbauen und verwenden: „Wir denken von da aus (sb, von Jesus Christus aus), von diesem Leben und dann also insofern von unserem Erleben.“[140]

Ich sage es anders: das eigene Hören, das eigene Erleben, die eigene Erfahrung weist für Barth immer auf Jesus Christus hin. Gotteserfahrung ist für ihn immer Erfahrung Jesu Christi, aber eben nicht möglich ohne eine Erfahrung mit ihm gemacht zu haben. In der hermeneutischen Theologie der siebziger und achtziger Jahre war dann auch dieser Begriff der „Erfahrung“ wesentlich und bei einer Betonung der Subjektorientierung in der „Kirche der Menschen“ ist er natürlich ebenfalls unverzichtbar. Es geht ja gerade darum, dass (alle) Menschen ihre Lebens-, Glaubens- und Gotteserfahrungen in jedweder Weise sichtbar machen, feiern, erzählen, weitergeben können. Barth würde sagen, dass es darum geht: „es zu bezeugen“. Im Zusammen-

---

[139] Barth, Gespräche, S. 45
[140] Barth, Gespräche, S. 136

hang mit „Erfahrung“ und der Hermeneutischen Theologie ist wichtig, was Eberhard Jüngel aus seinen Erinnerungen zur Entstehung des berühmt gewordenen Begriffspaars „Erfahrungen mit der Erfahrung“ zu erzählen weiß:

„Erfahrung hieß in der zweiten Hälfte des vorigen Jahrhunderts das in die Theologie heimgeholte Wort, mit dem man die – vermeintlichen oder auch tatsächlichen – Erfahrungsdefizite der sogenannten Wort Gottes Theologie auf und abarbeiten zu können meinte. Als ich vor vielen Jahren nach einer Vorlesung von einem respektablen Privatdozenten und einer nicht weniger respektablen Doktorandin in einer Tübinger Mensa, in der ich eigentlich nur speisen wollte, noch vor dem ersten Bissen darauf festgelegt werden sollte, dass der Glaube doch erfahrbar sein müsse und ich mich der particulari veri dieses Insistierens auf Erfahrung nicht verschließen konnte, sich in mir aber zugleich alles dagegen sträubte, den Glauben seiner Eigentümlichkeit durch dessen Einordnung in die Reihe unserer weltlichen Erfahrungen zu berauben, kam mir – ich zweifle nicht daran – der Heilige Geist zu Hilfe und inspirierte mich zu der Einsicht, dass der Glaube sich von der Reihe der weltlichen Erfahrungen nicht (negativ) dadurch unterscheide, dass er unerfahrbar sei, sondern dass er sich von der Reihe weltlicher Erfahrungen (positiv) dadurch unterscheide, dass er eine Erfahrung mit dem Akt des Erfahrens selber sei. Das wurde in der Tübinger Mensa kommuniziert und nur wenige Tage später bei einer Herausgebertagung der Zeitschrift für Theologie und Kirche – aus gegebenem Anlass – wiederholt. Mein Lehrer Gerhard Ebeling griff zum Bleistift und schrieb es auf. Das machte mich stolz.“[141]

Warum ist diese Unterscheidung so wichtig? Walter Mostert kann dies in einem Satz so ausdrücken: „Der Glaube ist Erfahrung, aber als Erfahrung mit Jesus auch Erfahrung gegen alle Erfahrung“[142]

Dieser theologischen Strömung ist wichtig, dass die Erfahrung Gottes von allen anderen Erfahrungen der und in der Welt unterschieden wird

---

[141] Jüngel, Erfahrungen, S. 9f

[142] Mostert, Jesus Christus, S. 51

bzw. wenigstens unterschieden werden kann. Gradmesser dafür ist das Zeugnis der Schrift. So wie Martin Luther seine Zusage des Priestertums aller Getauften und Gläubigen als rechte Auslegung der Schrift versteht, so geht es auch hier darum, alle eigenen Erfahrungen am Zeugnis der Schrift zu messen und zugleich von dort her, letztlich vom Handeln Gottes her die eigene Wirklichkeit zu sehen. Eberhard Jüngel hat dies mit der Vorrangstellung von Gottes Möglichkeit vor allen unseren erfahrbaren Wirklichkeiten ausgedrückt[143].

Der Kern seiner Aussagen besteht darin, dass die Welt davon lebt, dass Gott in die Wirklichkeit dieser Welt seine nicht aus der bestehenden Welt ableitbaren Möglichkeiten hineingegeben hat. Es gibt weder aus dem Verstehen der Welt, noch aus den in der Welt vorhandenen Möglichkeiten ein Verständnis Gottes. Diesen Gedanken hat Jüngel z.B. in seinem Aufsatz „Die Welt als Möglichkeit und Wirklichkeit“ schon 1969 ausgeführt. Ihm geht es darum, dass „Möglichkeit“ und „Wirklichkeit“ aus theologischer Sicht zueinander ins rechte Licht gesetzt werden.

Mit Blick auf die Rechtfertigungslehre und die Christologie betont Jüngel dabei, dass theologisch gesehen „Möglichkeit nicht mehr vom Begriff der Wirklichkeit her definiert werden kann“[144], sondern er betont vielmehr den Vorrang der Möglichkeit vor der Wirklichkeit.

Als Kirche haben wir diesen Vorrang zu beherzigen, so Jüngel. Das macht das Wesen und den ureigenen Auftrag der Kirche aus: In die Wirklichkeit der Welt hinein bezeugen wir von unserem Glauben bestimmt und getragen Gottes neue Möglichkeiten, mit denen er uns die Welt von Beginn an im Bund und versöhnt mit ihm verstehen lässt. Die Erzählungen der Bibel sind genau davon erfüllt. In die Wirklich-

---

[143] Die folgenden Gedanken habe ich in „Ermöglichen“ S. 76f schon skizziert.

[144] Jüngel, Wirklichkeit, S. 226

keit der Welt mischt sich Gott ein und eröffnet ihr, ja schafft in ihr neue Wirklichkeiten. Sie führen dahin, dass zwischen Gott und den Menschen und unter den Menschen eine neue Gemeinschaft ermöglicht wird.

Jüngels Pointe besteht darin, dass für ihn das, was in der Welt und z. B. auch in der Kirche aufgrund „von Vergangenheit und Gegenwart an Zukunft machbar ist", nicht in die Dimension der Möglichkeit gehört, „sondern als das Noch-Nicht-Wirkliche in die Dimension der Wirklichkeit"[145]. Er führt dann weiter aus:

„Was machbar ist (aus der Welt heraus), wird nicht im strengen Sinne des Werdens, wird nicht ex nihilo. Der Mensch macht aus Wirklichem Wirkliches. Er verwandelt, er transformiert. So macht er Zukunft. Gott aber ist kein Transformator, sondern creator. Als solcher lässt er das Mögliche auf das Wirkliche zukommen."[146]

Jüngel trennt mit dieser Bestimmung das Tun des Menschen strikt vom Kommen und Handeln Gottes. Gott tritt der Wirklichkeit der Welt mit seinem Kommen, mit seinem Adventus hinzu und zwar von außen, als Schöpfer aus dem Nichts, ex nihilo, und deshalb gilt für Jüngel: „Die Möglichkeit der Welt ist deren Wirklichkeit gegenüber extern."[147]

Ich sage dies in meinen Worten nochmal auf andere Weise:

Wenn eine Kirche vorgedacht wird, dann steht alles Reden und Tun unter diesem Vorbehalt, dass Gott mit seinen Möglichkeiten die Wirklichkeit stets verändert, ja sogar neu werden lässt. Das aber ist sein Tun und uns entzogen. Das können wir nur als Empfangende entgegennehmen. Menschen antworten darauf durch und in der Feier des

---

[145] Jüngel, Wirklichkeit, S. 226f
[146] Jüngel, Wirklichkeit, S. 227
[147] Ebenda

Gottesdienstes mit Gebet und Gesang, aber eben doch auch mit ihrem Tun, mit ihrer Arbeit an und in dieser Welt. Menschen handeln und wirken dann, indem sie diese ihre Erfahrungen weitergeben, von ihnen erzählen, andere an ihnen teilhaben lassen und möglicherweise darauf hoffen und vertrauen, dass diese Erzählungen berühren, ankommen, dass sie dazu führen, dass andere Menschen ihrerseits Erfahrungen, neue Erfahrungen machen können und so selbst verändert werden, neu werden. Wo dies geschieht, wo diese Erfahrungen und diese spezielle Sicht auf die Welt in die Welt eingetragen werden und mit ihr in Dialog, in Resonanz treten, da haben Menschen das getan, was von Menschen getan werden kann. Die Frage, ob es zum Glauben kommt, ob darin Gott selbst „kommt", ist Gottes Sache allein. Wenn Karl Barth in Christengemeinde und Bürgergemeinde schreibt „Kirche muss Kirche bleiben"[148], meint er genau dieses Tun, dieses Handeln von Mitgliedern der Christengemeinde.

Nun lese ich in Sätzen von Christian Grethlein nichts anderes, wenn er in seiner Kirchentheorie sein dort vorausgesetztes Kirchenverständnis beschreibt

„als die Gemeinschaft der durch das Auftreten, Wirken und Geschick Jesu von Nazareth Berührten. Damit möchte ich inhaltlich präzise und sozial offen formulieren und markieren, dass es beim Christsein sowohl um sinnlich Wahrnehmbares, aber auch dem materiellen Bereich Übersteigendes geht, eben um Berührung."[149]

Konsequent entwirft er seine drei grundlegenden Modi der Kommunikation des Evangeliums als Modus des „Lehrens und Lernens", des „gemeinschaftlichen Feierns" und des „Helfens zum Leben" denn auch aus dem Alten und Neuen Testament und dort eben im Nachvollzug vor allem auch der Gleichnissreden und des Handelns Jesu

[148] Barth, Christengemeinde, S. 56
[149] Grethlein, Kirchentheorie, S. XIV

heraus[150]. Grethlein bezieht sich in diesem Zusammenhang ausdrücklich auf Ingolf U. Dahlferth, der die „Kommunikation des Evangeliums“ als „Kerngeschehen des Christentums“[151] und als „theologisches Zentrum des Christentums“[152] beschreibt und drei Aspekte zu unterscheiden weiß:

- Die Kommunikation des Evangeliums als Kommunikation, die Menschen vollziehen (=Gen. objectivus), d.h. Menschen reden und leben und handeln so vom Evangelium, dass andere dies bemerken. Ob im Gebet oder in Nächstenliebe oder in Erzählungen, das Evangelium und seine Bedeutung für mein Leben und mein Verständnis dieser Welt wird deutlich.
- Die Kommunikation des Evangeliums als Selbstkommunikation des Evangeliums, die Gottes Geist zuzuschreiben ist (=Gen. subjectivus); d.h. Menschen kommen zum Glauben, weil Gottes Geist als Subjekt diesen Glauben wirkt. Gott selbst teilt sich mit und ohne diese Selbstmitteilung entstünde kein Glaube.
- Die Kommunikation des Evangeliums als „die Selbstkommunikation des Evangeliums, in der Menschen so wirken, dass Gottes Wort und Geist zum Zug kommen können“, d.h. als Kirche setzen wir und vertrauen darauf, dass auch durch liturgisches Handeln, aber auch im direkten persönlichen Tun und Umgang sich Leben (!) vor und mit Gott neu auslegt und neu begreifen lässt.[153]

Eine seiner wesentlichen Erkenntnisse lautet dann:

„Weil Gott selbst das Kommunikationsgeschehen ist, das sich in der Selbstkommunikation des Evangeliums erschließt, ist es Gott selbst, der Menschen durch die Kommunikation des Evangeliums dazu

[150] Vergl. Grethlein, Praktische Theologie, 460ff
[151] Dalferth, wirkendes Wort, S. 42
[152] Dalferth, wirkendes Wort, S. 43
[153] Ebenda

bringt, ihr Leben an seiner Gegenwart auszurichten und mit anderen zusammen in seiner Gemeinschaft zu leben."[154]

Mir ist wichtig, dass auch im kirchentheoretischen Entwurf von Grethlein, in dem die Kirche ja als Assistenzsystem für das allgemeine Priestertum dargestellt wird, die besondere Erfahrung von „Auftreten, Wirken und Geschick Jesu" als Ausgangspunkt betont wird. Kirche möge dann Raum und Zeit schaffen für diese Erfahrungen. Die Wirkungen können nämlich im Glauben und Leben der einzelnen Personen sehr unterschiedlich sein. Deswegen bezieht sich Grethlein gerne auf Stefan Huber, der auf dieser Linie betont, dass Kirche „Schutz und Deutungsraum für religiöse Selbst-Erfahrung sein" möge, innerhalb derer „sich die autonome religiöse und spirituelle Produktivität der Subjekte frei entfalten kann". Die mögliche Kritik einer Beliebigkeit und Gleichgültigkeit aller religiösen Erfahrung nimmt Huber sofort auf, wenn er betont:

„Dies schließt eine kritische Begleitung im Sinne der paulinischen Unterscheidung der Geister nicht aus, ganz im Gegenteil. Sie würde jedoch weitgehend an die Gemeinschaft der Glaubenden delegiert. Kirchlichen Funktionsträgern käme dabei vorwiegend eine dienende Funktion zu."[155]

Genauso würde eine „Kirche der Menschen" noch mehr an Gestalt gewinnen, das allgemeine Priestertum der Schrift und die Entdeckung Luthers ernst nehmen und zugleich Entwicklungslinien der spätmodernen Gesellschaft aufnehmen. Von daher gilt für mich grundlegend:

- Alle Getauften leben, handeln, feiern und erzählen als Teil von Kirche und damit als Subjekte kirchlichen Handelns an allen Orten, zu allen Zeiten, mit jedem Kommunikationsme-

---

[154] Dalferth, Wirkendes Wort, S. 46
[155] Huber, Kommentar, S. 276

dium ihren Glauben so, wie Gott und Glaube in ihren Erfahrungswelten aufleuchten.

Und weil „Kirche der Menschen" dies als Grundsatz verinnerlicht, ist das Zusammensein mit anderen Konfessionen genauso selbstverständlich wie das Hören, das Gespräch, das gemeinsame Handeln mit anderen religiösen Prägungen. Und weil die Gemeinwesenorientierung einen theologischen Grundzug der „Kirche der Menschen" darstellt, ist auch der Austausch mit „religiös unmusikalischen" Menschen unbedingt zu begrüßen und zu befördern. Dieser von Jürgen Habermas mindestens schon zweimal verwendete Begriff meint ja gerade, was Dirk Kaesler zu der Verwendung dieses Begriffs sehr schön so angemerkt hat:

„Wer sich selbst als „religiös unmusikalisch" bezeichnet, sagt eben nicht, er sei „unreligiös", sondern signalisiert vielmehr: Seht her, eigentlich bin ich ja überzeugt davon, dass Religion notwendig ist, ja wunderbar sein kann. Aber, ich selbst kann nicht religiös sein, ich bin dazu nicht begabt. Religiosität wird analog zu Musikalität gesetzt, als etwas beschrieben, wofür man sich nicht entscheiden kann („ich will musikalisch sein!"), als eine Begabung, die manche „haben", andere nicht."[156]

Mir ist wohl bewusst, dass damit viele weitere Fragen offen bleiben. Wer die Türen für alle weit öffnet, wer auf die Marktplätze der Spätmoderne geht, der lässt Sicherheiten und Gewohnheiten hinter sich und weiß nicht, was geschehen wird. Aber auch diese Ungewissheit ist Teil unserer Zeit und will ertragen und ausgehalten werden.

[156] „Religiös unmusikalisch" - Anmerkungen zum Verhältnis von Jürgen Habermas zu Max Weber: literaturkritik.de, zuletzt aufgerufen 25.5.22

6.) „Kirche der Menschen“: Ungewissheit gehört dazu

„Wie kommt das unbekannte Neue in die Welt? Es beginnt damit, gänzlich anderen zuzuhören mit offenem Geist, offenem Herz und offenem Willen.“[157]

So steht es in dem Aktenstück, in dem die Landeskirche Hannovers die Grundlagen ihres Transformationsprozesses beschreibt:

Das noch unbekannte Neue, darum geht es. Und damit ist nicht gemeint, dass alles, was bisher war, abgelöst werden muss, oder nichts mehr „wert“ ist. Es geht aber darum zu markieren, dass die Zukunft der Kirche in unserer Gesellschaft ungewiss ist, weil sie letztlich eben von Gottes Wirken abhängt, mit Jüngel gesprochen, von Gottes Möglichkeiten, die er in der Welt wirklich werden lässt.

Für das menschliche Handeln in diesem Geschehen gelten aber aus meiner Sicht die Aussagen von Pohl-Patalong:

„Wohin aber soll sich die Kirche entwickeln? Eine konsensfähige Gestalt zeichnet sich bislang noch nicht ab… Es lassen sich jedoch Aspekte und Orientierungen identifizieren, die sich für eine Kirche der Spätmoderne nahelegen, wenn sie auf die aktuellen gesellschaftlichen Herausforderungen sinnvoll reagieren möchte.“[158]

Pohl-Patalong hat in ihrem neuesten Buch fünf Modelle „einer künftigen Gestalt von Kirche“ skizziert und sechs Elemente benannt, die „bei allen explizit oder implizit erkennbar“ und die für die Zukunft der Kirche entscheidend wichtig sind.[159]

Die fünf Modelle bei ihr lauten:

---

[157] Microsoft Word - Nr_25_B_zweiter_Abschnitt.docx (velkd.de), S. 19, zuletzt aufgerufen am 12.08.22

[158] Pohl-Patalong, Übergang ins Offene, S. 420

[159] Vergl. Pohl-Patalong, Kirche gestalten, S. 133ff

1.) Kirche als Ortsgemeinde,
2.) Kirche in der Region,
3.) Kirche im Gemeinwesen,
4.) „kirchliche Orte",
5.) Fresh Expression of Church

Alle fünf Modelle weisen in unterschiedlicher Gewichtung folgende sechs Elemente auf:

1.) Wie wird die Aufgabe der Kirche bestimmt?
2.) In welchem räumlichen Bezug wird Kirche gedacht?
3.) Welche Menschen hat das Modell vorrangig im Blick?
4.) Wie generalistisch oder wie arbeitsteilig soll sich die Kirche orientieren?
5.) Welche Rolle wird Hauptberuflichen und Ehrenamtlichen zugedacht?
6.) Welche Rolle spielt Gemeinschaft in den Modellen?

Auffallend ist, dass hier die Frage der Digitalisierung nicht eigens erwähnt wird. Ich selbst glaube, dass eben durch die Digitalisierung die Veränderungen noch größer sein werden, weil es z.B. bald rein digitale Gemeinden auch bei uns geben wird. Bei allen Modellen und Bildern von Kirche ist der digitale Raum völlig neu mitzudenken. Dieser Zusatz macht aber eher noch deutlicher, wie viele Fragen im Moment ungeklärt sind, wenn es um die Zukunft der Kirche geht und es eine eindeutige Antwort darauf womöglich auch gar nicht mehr geben kann und wird. Für Leitung auf allen Ebenen von Kirche stellt diese Ungewissheit eine große Herausforderung dar. Jan Hermelink hat in seinem Buch „Spielräume der Kirchenleitung" genau diesen Aspekt als Leitungsverantwortung der Kirchenleitungen in kirchlichen Transformationsprozessen herausgestellt und besonders betont, dass dies bedeutet in den Gremien

„die gewohnten, konventionellen Lösungen von Schwierigkeiten als unzureichend zu entlarven und vielmehr einen Raum des Fragens und

Zweifelns zu öffnen – und zwar nicht nur am Anfang des Prozesses, sondern als dessen ständige Begleitung."[160]

Noch konkreter kann er formulieren:

„Die Prozessverantwortlichen – die Bischöfin, der Moderator, die Steuerungsgruppe – werden gut daran tun, gerade keine Zielsicherheit zu vermitteln, sondern eher den Zweifel zu kultivieren, vielleicht sogar innere Konflikte."[161]

Für Hermelink entspricht solch ein Handeln dem evangelischen Kirchenverständnis, das zwar an die „Zukunft der verborgenen Kirche" glaube, aber nicht etwa, dass es mit der „sichtbaren Kirche gewiss (sb, so) weitergehen wird". Gerade deshalb habe die kirchliche Leitung eher die „Anfechtung" bezüglich der kirchlichen Zukunft zu setzen, „und damit die Erwartung, dass am Ende Gott allein die Kirche der Zukunft ermöglichen wird."[162]

Die Ungewissheit über die zukünftige Gestalt der Kirche beeinflusst aber schon heute entscheidend die Transformationsprozesse selbst.

Ein sehr gutes Beispiel ist dafür die Zukunftssynode der Nordkirche im September 2022.

Wenn man einen ersten Blick auf den angenommenen Antrag zum Zukunftsprozess liest, mag man zunächst denken, dass dort alles so gelaufen ist wie vorher geplant. Beschlossen wurde folgender Antrag:

„Die Landessynode möge beschließen: Die Synode nimmt die Handreichung Horizonte5 mit Dank für die geleistete Arbeit zur Kenntnis und bittet die Kirchenleitung, insbesondere an den folgenden Punkten unter Zugrundelegung der Handreichung Horizonte5 prioritär weiter

---

[160] Hermelink, Spielräume, S. 129f
[161] Hermelink, Spielräume, S. 130
[162] Ebenda

zu arbeiten und der Synode in den nächsten Sitzungen Beschlussvorlagen vorzulegen:

1. Evangelisches Profil entwickeln und fördern sowie Maßnahmen zur Verbesserung der Präsenz und Relevanz im Sozialraum vorschlagen

2. Gremien und Entscheidungsstrukturen für Mitglieder öffnen und Beteiligungsmöglichkeiten für Nichtmitglieder entwickeln

3. Aufbauorganisation der Leitungsebene verschlanken und flexibilisieren sowie Verwaltung vereinfachen und deregulieren

4. Multiprofessionelle Zusammenarbeit in der kirchlichen Arbeit stärken

5. Entwicklung neuer Finanzierungsmöglichkeiten in Ergänzung zur Kirchensteuer

6. Entwicklung eines Digitalisierungskonzeptes in der Kirche und eines Umsetzungskonzeptes für die digitale Community

Die Landessynode unterstützt das Vorhaben der Kirchenleitung und des Präsidiums, zur Umsetzung der Ergebnisse des Horizonte5 – Prozesses im Lichte der Beratungen der Zukunftssynode im intensiven Austausch mit Kirchenkreisen und Hauptbereichen weiterzuarbeiten.“[163]

Die diesem Beschluss vorangehende Aussprache hat aber deutlich gemacht, dass die Synode ausdrücklich mehr Zeit braucht, um sich die vielen und gleichzeitig oftmals komplexen Vorschlägen anzueignen. Jedenfalls wurden durch den angenommenen Antrag alle 36 eigentlich eingebrachten Beschlussvorschläge vorerst nicht behandelt, obwohl sie übersichtlich unterteilt waren in 6 Kenntnisnahmen, 15 Beauftra-

---

[163] Änderungsantrag gem. § 25 GO zu TOP 6.2 der Synodalen Prof. Dr. Schirmer und weitere:
Beschlussprotokoll_der_14._Tagung_der_II._Landessynode_15.-17._September_2022_01.pdf (nordkirche.de)

gungen und 15 Richtungsbeschlüsse[164]. Für eine Beschlussfassung dazu war die Zeit noch nicht reif.

Prozessual kann man daraus gut lernen, wie wichtig es ist, mit ausreichend Zeit und möglicher Reduzierung der Komplexität voranzugehen. Gleichzeitig bleibt festzuhalten, dass die Nordkirche auch mit dem angenommenen Antrag die weitere Bearbeitung von Fragestellungen beauftragt hat, die weit über den Diskussionsstand in anderen Landeskirchen hinausgehen. Die Frage, warum dies so ist, lässt sich meiner Meinung nach leicht beantworten. Der breite Beteiligungsprozess, das gewünschte Einbringen von Ideen und das Diskutieren in unterschiedlichen Formaten haben sich aus meiner Sicht ausgezahlt. Neben Themen, die in allen Transformationsprozessen der Landeskirchen eine große Rolle spielen wie die Sozialraumorientierung und die multiprofessionelle Zusammenarbeit, debattiert die Nordkirche im Moment stellvertretend schon weitere Zukunftsfragen: das Mitgliedschaftsrecht und das Erarbeiten von zusätzlichen Finanzierungsmöglichkeiten sind hier an erster Stelle zu nennen. Aber auch was die Gremienstruktur, die Weite des angestrebten Digitalisierungskonzeptes und die digitale Community angeht, ist die Nordkirche in ihrer Diskussionskultur Vorbild. An all ihren Fragen wird keine andere Kirche vorbeikommen, auch wenn sie jetzt noch gar nicht auf deren Transformationsagenda stehen.

Meine Hypothese ist, dass die Landeskirche Hannovers sehr bald zu ähnlichen Fragestellungen vordringen wird. Schließlich hat sie ja ebenfalls einen breiten und sehr offen angelegten Zukunftsprozess beschlossen. Schon die Debatten in ihrer Landessynode haben die Unsicherheit im Vorfeld über den dann doch beschlossenen Prozess deutlich wiedergegeben. Nun also werden dort Forscher*innen und

---

[164] Synodenreader_Zukunftssynode_092022.pdf (nordkirche.de), zuletzt aufgerufen am 8.10.22

Erkundungsteams losgeschickt, um Gesellschaft und Kirche neu wahrzunehmen. Es bleibt zu wünschen, dass die Verantwortlichen für diese Erkundungen ausreichend Zeit geben und ihrerseits vor allem mit der Nordkirche in einem guten Austausch stehen. Von beiden Kirchen werden starke Impulse über den weiteren Weg der Evangelischen Kirche in vielen Bereichen ausgehen.

Diese Beispiele zeigen aber, dass die Zeit der Ungewissheit wohl gar nicht mehr zu Ende gehen wird. Es gibt kein Zurück zu den alten Gewohnheiten und Gewissheiten. In der „Gesellschaft der Singularitäten" gilt es, die Vielstimmigkeit genauso auszuhalten wie die Dynamiken der Veränderungen. Die Gesellschaft verändert sich weiter und gerade darin liegt nun aber auch die Chance, Menschen mit-machen zu lassen, neue Koppelungen, neue Bindungen, neue Beziehungen zu befördern und zu ermöglichen. Darum geht es bei der „Kirche der Menschen" doch zentral: Alle dürfen, alle können sich mit ihren Lebens-, Glaubens– und Gotteserfahrungen an allen Orten, zu allen Zeiten, mit jedem Kommunikationsmedium einbringen, um miteinander auszutauschen: Ich habe es so gehört (erfahren, erlebt) – wie hört (erfahrt, erlebt) Ihr es denn? Und danach dann das Leben auszurichten.

Teil 2: Kirche der Menschen mutig leben

Knapp und prägnant möchte ich es in der Mitte dieser Abhandlung auf den Punkt bringen: Ohne Mut wird es nicht gut. Auf allen Ebenen der Kirche, in allen Leitungsorganen geht es in der Gegenwart und in der nächsten Zukunft um weitreichende Entscheidungen, Veränderungen sind unumgänglich und deshalb gilt:

Mut ist gefragt, Veränderungsprozesse in der Kirche stärken[165]

Ich bewundere den Mut vieler Menschen, von denen uns in der Bibel berichtet wird. Oft genug lassen sie alles stehen und liegen und ziehen in eine ungewisse Zukunft. Sie lassen alte Gewohnheiten, Orte und vertraute Menschen hinter sich und lassen sich auf völlig Neues ein. Für mich gehört dazu auch ganz viel Mut.

Ungewisse Zukunft, Gewohnheiten hinter sich lassen, sich auf Neues einlassen, das scheint auch für die Zukunft der Kirche zu gelten und also braucht es auch hier: Mut. Dabei können wir schon in der Bibel entdecken, wie gut und wichtig es ist, wenn Menschen sich vom Mut anderer anstecken lassen. Also will ich zunächst kurz Ausschau halten nach mutigen Vorbildern der Gegenwart.

Landesbischof Ralf Meister aus Hannover hat Mut. Er hat klare Vorstellungen, wenn er die Zukunft der Kirche aus seiner Sicht beschreibt. Er redet einer neuen Grundhaltung das Wort und spricht davon, dass wir als Kirche wegkommen müssten von Vorstellungen wie „meine Kirche", „mein Gemeindehaus" hin zu „alles gehört dem ganzen Dorf", „gehört der ganzen Nachbarschaft", „gehört dem ganzen Quartier". Er markiert damit die Tiefe der Veränderung, vor der die

---

[165] Der Beitrag ist erschienen in „Praxis Gemeindepädagogik. Zeitschrift für evangelische Bildungsarbeit", 75. Jahrgang, Heft 3/2022, S. 32f

Kirche steht und das ist gut so. Und das, was Ralf Meister da beschreibt, hat die katholische Kirchengemeinde St. Maria aus Stuttgart schon vor Jahren verwirklicht. Sie lädt alle Menschen ein, diese Kirche zu nutzen und verwendet dabei den Spruch: „Wir haben eine Kirche – haben Sie eine Idee?“. Und siehe da, gekommen sind viele Ideen und viele Menschen sind selbst zu Subjekten des Handelns geworden. Mutig zeigten sich viele Haupt- und Ehrenamtliche in der Kirche gerade auch mit Ausbruch der Pandemie. Da wurde vieles ausprobiert, Neues gewagt, wurden neue Orte kirchlichen Handelns entdeckt, Gebete und Segenssprüche „draußen“ aufgehängt oder in bislang zum Teil unerforschte digitale Welten vorgedrungen. Mut wird belohnt, auch in der Kirche, und diesen Mut brauchen wir in der Kirche gerade jetzt in mindestens vier Dimensionen.

Mutig sich der Realität stellen

Da gilt es zunächst sich der Realität in unserer Gesellschaft zu stellen. Die verfasste Religiosität, die Organisationskraft der beiden großen Kirchen in Deutschland nimmt in einem immer schnelleren Maße ab. Im wiedervereinigten Deutschland war ich 1990 schon im kirchlichen Dienst und wusste, dass insgesamt immerhin noch über 80 % der Bevölkerung in unserem Land entweder evangelisch oder katholisch gewesen sind. Wenn ich in wenigen Jahren aus dem Dienst ausscheiden werde, dann werden es wohl nur noch 45 % sein. Und das ist jetzt nur ein Indikator, der u. a. auch für ein völlig verändertes Bindungs- und Beziehungsverhalten steht. Ja, natürlich sind die weltweiten Zahlen anders, aber wir dürfen uns unsere Zahlen in der sogenannten westlichen Welt nicht kleinreden. Ob in den Niederlanden, in Großbritannien, in Österreich oder eben bei uns: die Rückgänge sind gewaltig und sie werden eher noch größer. Diese Zahlen markieren auch nur die vielfältigen gesellschaftlichen Veränderungen. Erst vor 15 Jahren wurde das Smartphone erfunden. Für viele ist es eine Art Lebensmittel geworden. Untersuchungen nach empfinden viele jüngere Menschen das Smartphone als eine Art Körperteil. Das verändert ihre Vorstellung auch von Bindung, Beziehung, Gemeinschaft. Josephine Teske, Pfarrerin der Nordkirche, folgen auf Instagram über 36.000 Menschen. Wenn dort digital Andacht gefeiert wird, dann sind ganz viele dabei, junge Menschen vor allem. Und die Pfarrerin sagt, dass sie dort mitunter mehr Gemeinschaft erlebe als sonntags in einem Gottesdienst in einer Kirche, weil man ganz viel (digital) miteinander kommuniziere. Diese Vorstellung von der Bedeutung digitaler Gemeinschaft kann befremden, aber diese Veränderungen müssen wir zusammen mit den knapper werdenden Ressourcen wahrnehmen: Die großen Kirchen haben immer weniger Mitglieder, werden immer weniger Personal, vor allem weniger Pfarrpersonen haben und auch deutlich weniger Geld. Auch die Vielzahl an Gebäuden wird sich nicht halten lassen. So unterschiedlich landeskirchliche Rahmenbedingungen sich im Einzelnen auch darstellen mögen, an diesen Annahmen kommt keine vorbei. Mutig muss man sich dieser Realität stellen.

Mutig Vertrautes hinter sich lassen

Das heißt dann aber vor allem auch: Die Zeiten, in denen man neue Aufgaben durch mehr Personal und mehr Geld angehen konnte, die sind vorbei. Das ist für die Kirchen in diesem Umfang eine völlig neue Situation. Wir müssen abgeben, vieles davon endgültig. Um Neues zu wagen, müssen wir lernen, Abschied zu nehmen, loszulassen, wegzulassen, aufzuhören. Das aber ist in der Veränderungstheorie mit das Schwierigste: etwas zu verlernen, etwas aufzugeben. Ob in den Gemeinden oder in den Synoden, egal, wer hierzu Entscheidungen zu treffen hat: Es gehört Mut dazu, etwas zu beenden, Geld zu streichen, Aufgaben einzustellen. Und es kommt noch schlimmer…

Mutig Unwissenheit eingestehen

Auf die Frage, wie es denn werden soll mit der „Zukunft der Kirche“, in welcher Struktur sie sich denn organisiert, gibt es noch keine verbindliche Antwort. Wie sehr wird die Digitalität uns auch als Gemeinschaft verändern, was wird aus der Parochie, vor allem wenn sie durch den Gemeindegliederrückgang immer kleinteiliger wird, wie verteilen wir die Arbeit auf weniger Hauptamtliche und vielleicht auch auf weniger vorhandene Ehrenamtliche? Wie wird sie aussehen, die Balance zwischen Neuem und Altem, zwischen aufbrechen und bewahren? Es gibt in der Veränderungstheorie einen wunderbaren Grundsatz: „Die Führung des Wandels braucht den Wandel der Führung". Haben die Leitungen in der Kirche auf allen Ebenen diesen Mut zum Wandel bei sich selbst? Konkret würde das u. a. heißen, auch und gerade als Leitung zu sagen: Wir wissen noch nicht, wie es werden wird. Wir haben selbst noch keine Vorstellung und noch keinen genauen Plan davon.

Mutig ausprobieren und erkunden

Genau solch ein Wandel würde die jetzt schon notwendigen Haltungsveränderungen innerhalb der Kirche stark befördern: Auf allen Ebenen der Kirche würde sich ein neues Hinhören ereignen. Von dieser Bereitschaft, auf Menschen zu hören, wird ebenso viel abhängen wie von der Haltung, alle so einzuladen, wie Landesbischof Meister das gerne möchte und wie es in Stuttgart schon praktiziert wird: Wir haben eine Kirche – haben Sie eine Idee? Menschen in ihrer Selbstwirksamkeit zu stärken, ihnen etwas zuzutrauen, sie machen zu lassen, das wird die Kirche verändern. Es wird ausprobiert, ja und manchmal auch etwas nicht zu dem eigentlich erhofften Ergebnis führen. Aber auch das wird den Mut stärken, dass in der Kirche mehr gewagt und erprobt wird, bevor dann in Jahren wirklich auch strukturell große Veränderungen anstehen. Auf der Basis vielfältigen Ausprobierens können Entscheidungen dann sicher besser getroffen werden. In jedem Fall wird auf dem Weg dorthin schon stärker leben, was wir als Kirche der Reformation eigentlich in uns tragen: Das Priestertum aller Getauften, aller Gläubigen.

Teil 3: Kirche der Menschen beidhändig organisieren

1.) Beidhändigkeit in der Kirche?

Ambidextrie lautet ein mittlerweile auch in der Kirche viel gebrauchter Begriff, um mögliche Lösungsansätze für den weiteren Weg in unserer Zeit der dynamischen Umbrüche zu beschreiben[166]. Ambidextrie, übersetzt „Beidhändigkeit" meint zunächst, dass man beide Hände mit der gleichen Geschicklichkeit bewegen und nutzen kann. In der Organisationstheorie wird dieser Ausdruck verwendet, um die Fähigkeit zu beschreiben, ein vorhandenes Kerngeschäft zu optimieren und gleichzeitig neue Geschäftsbereiche zu erschließen. Damit geht es also um eine Verbesserung des Bestehenden und gleichzeitig um die Förderung von Innovation und Kreativität. In keiner Organisation ist dieser Gedanke wirklich neu, auch in der Kirche nicht. Im Zusammenhang mit dem digitalen Wandel rückt die Notwendigkeit schnell (!) und beständig (!) beidhändig agieren zu können allerdings noch mehr in den Fokus. Für viele Unternehmen ist das schlicht die Überlebensfrage, ob und wie sie die Dynamiken des Marktes auf diese Weise mitgehen können oder „untergehen".

In Bezug auf die Kirche ist mir dieser Ausdruck wichtig, weil er die Aufgabe beschreibt, zwischen Bestehendem und Neuem gut zu balancieren. Auf der einen Seite soll ein wie auch immer ausgeprägtes „Kerngeschäft" nicht nur erhalten, sondern fortentwickelt werden, auf der anderen Seite Neues, Anderes angedacht, ausprobiert und schließlich auch mit dem Bestehenden verbunden werden. Vor dieser Aufgabe steht auch die Kirche als Organisation in vielfältiger Weise.

Ich formuliere es deutlich: Wer jetzt nicht neue Formen von Kirche ausprobiert und nur am Bestehendem festhält, der ist nicht mehr auf

[166] Sehr gut Philipp Elhaus, Kirche im, vor allem ab S. 43 und Georg Lämmlin, Schlüsselfaktoren, S. 63ff

der Höhe unserer Gesellschaft in ihrer Vielfältigkeit, sondern nimmt sie nur ausschnittsweise wahr. Genauso deutlich muss jede landeskirchliche Organisation damit umgehen, dass Fachkräfte immer knapper werden und auch die angehenden Pfarrer*innen genau schauen, welche Landeskirchen z.B. innovative Formen von Kirche und Gemeinde fördern und ermöglichen.

Und in noch einem weiteren Punkt beginnt die Organisation Kirche anderen Organisationen zu ähneln: die Zeit drängt. Die Umbrüche und vor allem die Abbrüche werden deutlicher und vollziehen sich schneller als noch vor wenigen Jahren gedacht. Die Corona-Pandemie hat einen zusätzlichen Beitrag dazu geleistet haben. Aber die Hoffnung in einer wie auch immer gearteten „Nach"-Corona-Zeit würde man wieder an die Zeit davor anknüpfen können erscheint illusorisch.

Ich gehe im Folgenden von der Überzeugung aus, dass „Kirche der Menschen" vor allem regiolokal, und damit in einem neuen „Wir" strukturiert und gestaltet sein wird und zunehmend mehr digital lebt. Die Aufgabe der jeweiligen zentralen Leitung auf der Ebene der Landeskirchen besteht vor allem darin, eine gerechte Verteilung der vorhandenen Ressourcen vorzuschlagen, sie diskutieren und schließlich in den jeweiligen Landessynode beschließen zu lassen.

Daneben gibt es aber natürlich Themen, die nur auf landeskirchlicher bzw. sogar eher noch auf der Ebene der EKD angegangen werden müssen. Ich beginne mit dieser großen Ebene, denn meiner Überzeugung nach ist die evangelische Kirche in den letzten Jahren auf mehreren „Feldern" in eine zunehmende Vertrauens- und Glaubwürdigkeitskrise geraten deren Aufarbeitung ein beherztes Entscheiden auf der Ebene aller Gliedkirchen der EKD erfordern.

2.) Die Vertrauenskrise wird größer

Diese Meldung hat zu Beginn des Jahres 2022 aufgeschreckt:

„Vertrauen in die christliche Kirche ist so niedrig wie noch nie.“[167]

Laut einer Umfrage des Forsa-Instituts unter 4000 Bürger*innen unseres Landes „haben nur noch 33 Prozent der Menschen in Deutschland großes Vertrauen in die evangelische Kirche und 12 Prozent in die katholische Kirche“. Dieser Wert habe bei der evangelischen Kirche im Jahr 2018 noch bei 48% und bei der katholischen Kirche in 2017 noch bei 28% gelegen. Innerhalb von nur 3 – 4 Jahren hat sich das Vertrauen in die evangelische Kirche also um 15 Punkte von 48% auf 33% verringert. Für die Einordnung dieser Zahlen ist wichtig, dass zum Befragungszeitpunkt die Ergebnisse des „Gutachten 2022 zu sexuellem Missbrauch im Bereich der Erzdiözese München und Freising“[168] noch nicht öffentlich vorlagen. Man geht aber sicher nicht fehl in der Annahme, dass das Vertrauen seitdem weiter abgenommen haben dürfte. Die Zahlen werfen ein Schlaglicht auf eine sich stetig verschlimmernde Vertrauenskrise, die einhergeht mit Themen, die lange bekannt, aber in den Augen vieler Menschen offenbar nicht zufriedenstellend gelöst werden. Vier davon sind aus meiner Sicht besonders wichtig. Diese Themen sind für mich:

- Die Aufarbeitung des sexuellen Missbrauchs in den Kirchen,
- der Umgang mit der Klimakatastrophe
- die Ablösung der Staatsleistungen
- die Sonderstellung des kirchlichen Arbeitsrechts.

---

[167] Studie: Vertrauen in die christliche Kirche ist so niedrig wie noch nie | Sonntagsblatt - 360 Grad evangelisch

[168] Gutachten 2022 (erzbistum-muenchen.de), zuletzt aufgerufen am 8.10.22

3.) Der Glaubwürdigkeitskrise begegnen

Was tun, um dieser Vertrauenskrise zu begegnen? Auch hier gilt, dass das Eingeständnis dessen, was passiert ist und welche Bedeutung das hat, unabdingbar ist, um daraufhin angemessen reagieren zu können.

Vor diesem Hintergrund kommt den ersten beiden Themen eine absolute Vorrangstellung zu. Hier muss entschieden, schnell, überzeugend und wenn irgend möglich auch einheitlich gehandelt werden. Letzteres heißt für mich eine Verständigung auf Ebene der EKD mit Synode, Rat, Kirchenkonferenz, die dann auch alle Landeskirchen umfasst. Zu befürchten ist aber, dass es gerade bei den beiden Themen „Aufarbeitung des sexuellen Missbrauchs in den Kirchen" und „Umgang mit der Klimakatastrophe" zu einem Flickenteppich an „Lösungsansätzen" in den Landeskirchen kommt bzw. es bei einem solchen bleibt.

Immerhin ist zum Thema „sexueller Missbrauch" eine EKD-weite Studie in Auftrag gegeben worden, die laut der Ratsvorsitzenden Annette Kurschus u.a. einen Schwerpunkt bei den systemischen Gründen für Missbrauch haben wird und Muster und Strukturen offenlegen soll, die sexuelle Übergriffe in der Kirche begünstigen. In diesem Zusammenhang betonte sie: "Wir legen Wert auf größtmögliche Transparenz, um allmählich wieder Vertrauen zu gewinnen bei betroffenen Menschen und auch bei denen, die das Ganze 'von außen' verstört beobachten."[169]

Man wird das nicht stark genug betonen können: Hier geht es um Menschen, die Gewalt erfahren haben und seit Jahren darauf warten, dass die Organisation Kirche handelt und zwar ganz so wie es in den Worten der Ratsvorsitzenden anklingt: mit Blick auf die Betroffenen, auf die Opfer und mit Blick auf das systemische Aufarbeiten der

[169] EKD-Ratschefin: Kirchenstruktur begünstigt Missbrauch - ZDFheute vom 22.1.2022, zuletzt aufgerufen am 22.8.22

Gründe. Ich denke, dass auch klar sein muss, dass viele Menschen hier keinen Unterschied zwischen den Kirchen machen, sondern dieses Thema insgesamt die Meinung über „die Kirche“ prägt.

Christiane Florin ist sicher einer der scharfsinnigsten Kritikerinnen vor allem der katholischen Kirche in Fragen der Aufarbeitung des sexuellen Missbrauchs. In einem Blogeintrag vom 8. März 2022 ist unter anderem folgendes Zitat zu lesen:

„Das ist ein sehr erlebnisreiches Jahr, das nun zu Ende geht. Wir haben erlebt, dass die Missbrauchsfälle uns intensiv beschäftigt haben. Wir haben gespürt, dass Menschen von der Kirche enttäuscht sind, dass Menschen die Kirche verlassen haben. Das ist schmerzlich für uns.“[170]

Gesprochen hat diese Worte Ende 2010 der damalige Vorsitzende der Deutschen Bischofskonferenz, der Freiburger Erzbischof Robert Zollitsch und Florin stellt heraus:

„Es war das Jahr, in dem deutsche Medien erstmals umfassend über sexualisierte Gewalt in der römisch-katholischen Kirche berichteten. Seitdem gab es viele Gelegenheiten für episkopale Erschütterungsbekundungen. Aber wenn sich die Bischöfe in diesen Tagen zur Frühjahrsvollsammlung fürs obligatorische Gruppenfoto aufstellen, fällt auf: Personell ist alles beim Alten. Niemand musste wegen Vertuschung sexualisierter Gewalt zurücktreten.“[171]

Wenn man sich solche Sätze vergegenwärtigt, dann wird mir wenigstens ansatzweise deutlich, wie quälend die Abläufe für die Betroffenen sein müssen. Fassungslosigkeit, Wut, Ohnmacht, Verzweiflung, ich

---

[170] Florin, Von einem Gutachten zum nächsten - und der Staat schaut zu (weiberaufstand.com), zuletzt aufgerufen am 21.08.22

[171] Ebenda

finde das alles nachvollziehbar. Es sind die Betroffenen, deren Leid durch solch quälende Prozesse nur verlängert wird.
An der katholischen Kirche lässt sich übrigens ablesen wie groß die Auswirkungen werden können, wenn die Menschen vollends das Vertrauen verlieren. Der SWR hat dazu im Jahr 2022 eine Umfrage durchgeführt und dazu fast 900 zwar nicht repräsentative Personen befragt, aber

„Für diese Analyse erhielten Menschen, die zum Standesamt gingen, um aus der Kirche auszutreten, die Gelegenheit, in einem Fragebogen ihre Gründe zu nennen."[172]

Aus den Befragungen kann man sehr interessante Erkenntnisse ableiten:

„Als Gründe (sb, für den Austritt) wurden die Missbrauchsfälle und der Umgang der Kirchen damit genannt. Unter den katholischen Teilnehmenden waren das sogar knapp 91 Prozent, unter den Protestanten 70 Prozent."[173]

An dieser Stelle muss man die Zahlen auf sich wirken lassen. 70 % der befragten Protestant*innen sagen, dass die Missbrauchsfälle und der Umgang der Kirchen damit Grund für den Austritt seien. Folgerichtig gilt dann auch für viele Befragte:

„Der Kirchenaustritt bezieht sich laut Umfrage in erster Linie auf die Institution Kirche und weniger auf die Religiosität und den Glauben an und für sich. Das zeigt sich darin, dass nur knapp die Hälfte der Befragten (47,7 Prozent) der Aussage zustimmt, keinen Bezug mehr zum christlichen Glauben zu haben, und über die Hälfte (55 Prozent)

---

[172] https://www.swr.de/swr2/leben-und-gesellschaft/rekord-austrittszahlen-die-katholische-kirche-vor-dem-abrutschen-100.html, zuletzt aufgerufen am 22.8.22
[173] SWR-Umfrage: Gründe für den Kirchenaustritt in BW und RLP - SWR Aktuell, zuletzt aufgerufen am 5.10.22

zustimmt, auch ohne Kirche religiös sein zu können. Auch fühlt sich etwa ein Viertel der Teilnehmenden nach dem Kirchenaustritt weiterhin als katholisch oder protestantisch und wird beten beziehungsweise seine Kinder an Aktivitäten in den kirchlichen Gemeinden teilnehmen lassen."[174]

Zeigt sich in diesen Äußerungen nicht wie sehr diese Ausgetretenen ihre Finger in die Wunde legen, wie sehr sie zu Recht kritisieren und seit Jahren, seit vielen Jahren drauf warten, dass endlich reagiert wird?

Für die Kirche vor Ort, für die Kirchengemeinden, für die Dekanate und Kirchenkreise ist dieser Befund auch deshalb so frustrierend, weil sie in der Regel gar nichts tun können. Es ist tatsächlich Aufgabe der Leitungen der Landeskirchen und auf EKD-Ebene hier verlorenes Vertrauen ganz langsam wieder zurückzugewinnen.

Die öffentliche Meinung ist jedenfalls wach und aufmerksam und sehr wohl in der Lage, Missstände zu bemerken und auch auf sie zu reagieren. Betroffenheitsäußerungen hat es längst genug gegeben.

Übrigens wird die Situation weder dadurch „besser", dass man zu Recht die äußerst zurückhaltende Rolle des Staates in diesem Zusammenhang hinterfragen muss, noch durch zunehmende Meldungen über sexuellen Missbrauch aus dem Bereich auch von Vereinen und dort vor allem auch aus dem Sport[175].

Ich wäre nicht überrascht, wenn ein ähnlicher Vertrauenseinbruch sich auch beim zweiten wichtigen Thema zunehmend einstellen wird: dem Umgang der Kirche mit der Klimakatastrophe.

---

[174] Ebenda

[175] Vergl. Missbrauch im Sport taugt nicht zur Entlastung der Kirchen - katholisch.de. zuletzt aufgerufen am 5.10.22

Der EKD-Synodale Arnd Henze bringt es in einem Artikel für die Zeitschrift „Zeitzeichen“ auf den Punkt: „Weiter so“ ist keine Option.[176] In klaren Worten analysiert und kritisiert der WDR Journalist und Theologe die Diskrepanz zwischen Worten und Taten der Verantwortlichen der Landeskirchen beim Thema Klimaschutz. Sein Beitrag endet mit den Worten:

„Seit mehr als dreißig Jahren tritt die Evangelische Kirche für den Klimaschutz ein. Doch die Vorreiterrolle, die sie mit Initiativen wie dem Grünen Hahn eingenommen hatte, ist verspielt worden. Heute geht es darum, den Anschluss an die gesellschaftliche Debatte wiederzufinden. Das ist kein Erkenntnis-, sondern ein Umsetzungsproblem.“[177]

Er plädiert bei diesem Thema sehr für ein EKD-Rahmengesetz,

„…das sich dem Ziel der Klimaneutralität bis zum Jahr 2035 verpflichtet und für alle Gliedkirchen gemeinsame Standards der Bilanzierung und Evaluierung von Reduktionserfolgen und -misserfolgen festschreibt. Diese Vorgaben müssten mit klaren Budgetzahlen und Reduktionszielen konkretisiert werden.“[178]

Diese Aussagen kann man nur unterstützen, wobei man sich über die Konsequenzen im Klaren sein muss: Es entspricht kaum der bisher geübten Praxis, dass sich 20 Landeskirchen schnell auf solch weitreichende Rahmensetzungen, die zudem alle Ebenen von Kirche, also auch alle Gemeinden, alle Einrichtungen, die gesamte mittlere Ebene in Kirchenkreisen und Dekanaten im Mitmachen einschließen muss. Dafür gibt es bislang keine Kultur. Umso dringender ist sie anzugehen. Und die zweite Konsequenz wird die notwendige Investitionssumme sein, die ausgerechnet in eine Zeit fällt, in der sich alle Lan-

[176] „Weiter so“ ist keine Option | zeitzeichen.net, zuletzt aufgerufen am 8.10.22

[177] Ebenda

[178] Ebenda

deskirchen in umfangreichen „Sparrunden" bewegen. So wird die Präsidentin der Landessynode der bayerischen Landeskirche, Annekathrin Preidel, in einem Interview im Juli 2022 mit folgenden Worten wiedergegeben:

„Als eines der wichtigsten Zukunftsthemen der Landeskirche nannte Preidel das Erreichen der Klimaneutralität. Die zuständige Abteilung im Landeskirchenamt habe ausgerechnet, dass es jährlich 75 Millionen Euro brauche, um die Landeskirche langfristig klimaneutral zu machen.
"Wenn wir hier investieren, sollten wir zuvor genau auf den Gebäudebestand schauen, um zu prüfen, ob wir uns zum Beispiel von Gebäuden, die kaum noch genutzt werden oder nicht ausreichend belegt sind, nicht auch trennen können", sagte Preidel. Eine Alternative sei, Gebäude möglicherweise umzuwidmen oder gemeinsam mit kommunalen Partnern zu nutzen.
Die jährlichen 75 Millionen Euro seien noch nicht beschlossen, sollen aber Thema bei der Haushaltssynode Ende November werden. "Wir müssen die Chance nutzen, jetzt noch zu gestalten", mahnte Preidel. „Wenn der Spardruck irgendwann zu hoch werde, könne man nur noch aus der Not heraus agieren."[179]

In den Äußerungen von Preidel werden alle Chancen und Herausforderungen deutlich. Es wird teuer und zudem nimmt der Druck vor allem in den Gemeinden zu schneller zu prüfen, welche Gebäude zukünftig noch gebraucht bzw. unter den Bedingungen der Klimaneutralität genutzt und unterhalten werden können. Da kommen viele Fragen nach der Zukunft der Kirche vor Ort und in der Region zusammen. Und gleichzeitig wird deutlich, dass ein Hinauszögern nichts verbessert, sondern auf allen Ebenen alles nur schwieriger macht.

Was aber wird passieren? Aus meiner Sicht braucht es gerade bei diesen Herausforderungen schnelle und mutige Entscheidungen, die dann

---

[179] Darum geht es bei der Zukunftskonferenz der Evangelischen Landeskirche | Sonntagsblatt - 360 Grad evangelisch, zuletzt aufgerufen am 22.8.22

auch konsequent umgesetzt werden. Sind 20 Landeskirchen, ist die EKD dazu in der Lage?

Daneben verblassen im Moment zwei weitere Problemfelder. Immer wieder beherrschen sie für kurze Zeit einige Schlagzeilen, um dann wieder eher in Vergessenheit zu geraten. Doch auch hier wäre es aus meiner Sicht angebracht zu handeln und mit staatlichen Instanzen z.B. zielorientiert Gespräche über die Ableistung der Staatsleistungen zu führen. Die Koalition hat dies in ihrem Vertrag so beschlossen, die Kirchen haben offiziell Bereitschaft signalisiert, jetzt wäre es gut es auch umzusetzen. Für mich gilt auch hier, dass Abwarten nichts besser macht, sondern eher im Gegenteil die eigene Verhandlungsposition geschwächt wird. Mit jedem Jahr wird der Anteil der Mitglieder der beiden großen Konfessionen an der Gesamtbevölkerung unseres Landes deutlich kleiner und das bringt die Politik mehr und mehr unter politischen Druck so hart wie nur irgend möglich zu verhandeln, um den „Einmalbetrag“ so klein wie möglich zu halten. Und in der Öffentlichkeit wird mehr und mehr das Verständnis abnehmen, als Staat so viel Geld für so eine „alte Sache“ ausgeben zu müssen[180]. Also, auch hier sind die 20 Landeskirchen gefordert und auch hier die Frage: Geschieht auch etwas?

Und als viertes Thema ist die Debatte um das kirchliche Arbeitsrecht zu nennen. Auch hierzu gibt es sehr unterschiedliche Standpunkte und immer wieder die Anfrage, ob dies noch zeitgemäß sei[181].

---

[180] Ich verweise hier auf den im Bundestag 2021 abgelehnten Antrag von FDP, Grünen und Linken: Deutscher Bundestag - Gesetzentwürfe zur Ablösung der Staatsleistungen an Kirchen abgelehnt, zuletzt aufgerufen am 22.8.22 und auf einen Hintergrundbericht zu diesem Thema: Ampelkoalition will Ablösung der Staatsleistungen an Kirchen organisieren- Kirche+Leben (kirche-und-leben.de), zuletzt aufgerufen am 22.8.22

[181] Kirchliches Arbeitsrecht: „Ein Relikt der Vergangenheit“ - WELT, zuletzt aufgerufen am 8.10.22

4.) Was wird aus der Organisation Kirche?

Im gesamten ersten Teil habe ich einer verstärkten Subjektorientierung in der „Kirche der Menschen“ das Wort geredet und Haltungen beschrieben, die die Selbstwirksamkeit von möglichst vielen Menschen erhöhen soll. Alle sollen sich so einbringen können wie sie das aus ihren Lebens-, Glaubens- und Gotteserfahrungen in ihren jeweiligen Lebensabschnitten heraus tun wollen und können.

Ich bleibe beim Ansatz der Subjektorientierung und der Stärkung der Selbstwirksamkeit auch wenn ich über die Organisation Kirche rede.

Der Unterschied aber ist klar: In der Organisationslogik braucht es Formen der Struktur, der Beständigkeit, der Verlässlichkeit. Deswegen werde ich im Folgenden versuchen deutlich zu machen, warum ich eine neuen und zügig umzusetzenden regiolokalen Strukturbildung das Wort rede und gleichzeitig betone, dass in dieser neuen regiolokalen Struktur die inhaltlichen Freiheitgrade zunehmen werden und sich deswegen „Kirche der Menschen“ vor Ort aufgrund der Sozialräumlichkeit unterschiedlich entwickeln soll und darf. Ich werde weiter zu begründen versuchen, warum ich in der Zukunft der Teamarbeit, in einem neuen, gabenorientierten Umgang mit kirchlichen Gebäuden, aber auch in einer starken Betonung der Nutzung der digitalen Möglichkeiten große Chancen für die „Kirche der Menschen“ sehe.

Doch zunächst muss es um einen offenen und mutigen Blick auf die offenbar zurückgehenden Ressourcen gehen.

Die evangelische Kirche wird schneller kleiner als bislang angenommen.

Die sogenannte „Freiburger Studie“ hat mit ihrer Aussage 2019 aufgeschreckt, wonach die Zahl der Evangelischen in unserem Land sich von 2017 bis 2060 in etwa halbieren würde.[182] Inzwischen hat sie ihre eigene Prognose immer wieder an den (neuen) Realitäten angepasst und das Ergebnis ist beunruhigend. Die Zahl der Austritte hat sich nochmals deutlich beschleunigt.

Was im Moment noch beruhigt ist die Tatsache, dass die Kirchensteuereinnahmen sich in absoluten Zahlen insgesamt noch erhöhen. Dieser Umstand führt dazu, dass nicht wenige davon sprechen, dass die alarmierenden Prognosen über die zukünftige Entwicklung der Einnahmen nicht zutreffen würden. Oft genug hört man Stimmen, die besagen, dass man schon seit vielen Jahren mit wegbrechenden Finanzmitteln rechnen müsse. Diese Prognosen, so wird man von heute durchaus feststellen, haben sich so dramatisch tatsächlich nicht bewahrheitet.

Zur Wahrheit gehört aber auch, dass die absolute Steigerung der Kirchensteuereinnahmen auch darauf zurückzuführen ist, dass seit 2012 fast 3 Millionen mehr Menschen erwerbstätig geworden sind und damit in der Regel zu Steuerzahlenden wurden[183]. Auch die stabile Wirtschaftslage war über einen so langen Zeitraum zumal mit diesen Krisenzeiten kaum zu erwarten. All dies bietet Grund zur Freude. Allerdings dürfte sich dies nun tatsächlich ändern.

Die Babyboomer gehen in den wohlverdienten Ruhestand und werden deutlich weniger Kirchensteuer zahlen müssen als gegenwärtig. Schon jetzt könnte man in vielen Berufszweigen deutlich mehr Menschen beschäftigen, aber der Arbeitskräftemangel ist fast überall zu spüren. Bis ins Jahr 2030 werden insgesamt mehr als 5 Millionen mehr Men-

---

[182] Vergl. Projektion 2060 - Entwicklung der Kirchenmitgliederzahlen – EKD, zuletzt aufgerufen am 8.10.22

[183] Statistisches Bundesamt Deutschland - GENESIS-Online: Ergebnis 81000-0011 (destatis.de), zuletzt aufgerufen am 23.9.22

schen aus dem Arbeitsleben ausscheiden als ein solches beginnen[184]. Und ob dies durch eine erhöhte Zuwanderung ausgeglichen werden kann ist sehr fraglich. Und für die Kirchen, vor allem für die evangelische Kirche kommt ein weiteres Problem dazu. Wesentlich mehr Menschen, die in den kommenden Jahren in den Ruhestand gehen, sind Mitglieder der Kirche als in der Alterskohorte, die mit dem Arbeitsleben beginnen werden. Und unter den Menschen, die zuwandern, sind die wenigsten Mitglieder einer evangelischen Denomination.

Neben der kaum zu widerlegenden Tatsache, dass auch die evangelische Kirche vor einem massiven Personalproblem im Nachwuchsbereich steht, wird die Zahl der kirchensteuerzahlenden Mitglieder in den kommenden Jahren deutlich abnehmen bzw. die Zahlungen pro Kopf mit dem Eintritt in den Ruhestand sich verringern. Die Leitung einer Organisation tut gut daran, sich in ihrer strategischen Ausrichtung an Prognosen zu orientieren, die von durchaus vorsichtigen Annahmen ausgehen. Schon gar nicht darf in der Organisation Kirche das Wirken der Heiligen Geistkraft dazu dienen, Prognosen in die eine oder andere Richtung zu beeinflussen. Deren Wirken ist in dieser Hinsicht wahrlich nicht verrechenbar.

Die Landeskirchen und die EKD reagieren. Sie tun dies in mehrfacher Hinsicht. In meinen bislang drei Beschreibungen der Transformationsprozesse von sieben Landeskirchen[185] im Abstand von je einem

[184] Vergl.: Bis 2030 fünf Millionen mehr Ruheständler als neue Arbeitskräfte (faz.net), zuletzt aufgerufen am 20.9.22

[185] Die sieben Landeskirchen sind:
Evangelische Landeskirche in Baden,
Evangelisch-Lutherische Kirche in Bayern,
Evangelisch-lutherische Landeskirche Hannovers,
Evangelische Kirche in Hessen und Nassau,
Evangelische Kirche von Kurhessen-Waldeck,
Evangelisch-Lutherische Kirche in Norddeutschland (Nordkirche),

halben Jahr habe ich meine Beobachtungen jeweils auch zusammengefasst. Die folgenden Übersichten aus den jeweiligen Erarbeitungen sollen einen ersten Eindruck von den Herausforderungen geben vor denen die Kirchen stehen, wie sie in den Prozessen aufgenommen und in welchen Richtungen erste Lösungsansätze gesehen werden.

Ich dokumentiere hier nur die jeweiligen Zusammenfassungen der einzelnen Papiere. Die Ausführungen dazu stehen allesamt öffentlich einsehbar zur Verfügung[186].

4.1. Landeskirchen unterwegs. Transformationsprozesse im Vergleich

Zusammenfassung des Teil 1 vom Sommer 2021

(1) „Horizonte eröffnen“ steht gleich am Anfang.

(2) Kommunizieren, informieren, diskutieren, mit Menschen drinnen und draußen, analog und digital in Foren und auf Plattformen, in vorhandenen Strukturen und in neuen Netzwerken, überall, dauerhaft, so viel wie möglich. Das ist unerlässlich.

(3) Inhaltlich immer (wieder) den Austausch über das angehen, was an gesellschaftlichen Veränderungen und an Veränderungen der Ressourcen zu sehen ist und dabei klar sein.
Ohne den case for action zu verdeutlichen passiert – nichts.

(4) Eine Zeitachse aufstellen mit absehbaren Ressourcenveränderungen. Wann wird wie viel gespart werden können, weil Dinge sich so entwickeln wie sie sich entwickeln (Pfarrpersonal, Gemeindegliederrückgang)?

Evangelische Kirche im Rheinland.

186 Alle Texte sind hier zu finden: https://www.ermoeglichungskulturkirche.com/post/landeskirchen-unterwegs

Das schafft keine leichte, aber doch eine erste und wichtige Orientierung.

(5) In die notwendige Tiefe der anstehenden Transformation gehen, sie „abtasten“: wir müssen abgeben, loslassen, wir werden kleiner. Das alles erspüren, Gefühle zulassen, Haltungen überdenken, Kulturen benennen, Verhalten wird sich ändern müssen. Wir als Kirche werden anders.
Hier ist jeder Prozess am tiefsten und unerlässlichen „Punkt“. Das ist ganz wichtig.

(6) Das Neue am Horizont entdecken durch das (neue) Miteinander, mit den Menschen sein und jetzt: erforschen, erproben, ausprobieren, Menschen als Subjekte machen lassen, mutig sein, Zeit geben, Räume geben, kommen lassen…seinen Geist wirken lassen…Vertrauen!

(7) Das Aushalten von Ungewissheit über die Zukunft der Kirche als gegenwärtigen Zustand kommunizieren, diskutieren und mehr und mehr akzeptieren.
So ist es halt im Moment. Es gibt kein Rezeptbuch.

Und dann?

(8) Doch (Visionen und) Ziele entdecken lassen, aufstellen und Wege dahin entwerfen und möglichst mit konkreten Maßnahmen hinterlegen

oder vielleicht doch stärker

mit noch mehr Menschen an unterschiedlichen Orten und in verschiedenen Regionen noch mehr Fragmente sammeln, das Loslassen und Aufgeben weiter einüben und weitere neue Wege gehen und so ein Puzzle mit vielen unterschiedlichen und völlig verschiedenen Teilen wachsen lassen.

Zusammenfassung vom Teil 2 vom Januar 2022

1. Die Vergewisserung über „Kirche“, ihren Auftrag, die möglichen Kirchenbilder, eigene Haltungen und Perspektiven sind oft Ausgangspunkt, in jedem Fall ein Schwerpunkt der Prozesse.
2. Ins **Zentrum** rückt die Frage: **Wie** sind wir Kirche? Perspektivwechsel werden eingeübt.
3. Möglichst viele Menschen sollen zu Akteuren, zu Subjekten der Kirchenentwicklung werden. Das ist die höchste Form der Beteiligung.
4. Der Aspekt von drinnen – draußen, Mitglied – Nicht-Mitglied spielt mitunter dabei keine Rolle (mehr).
5. Ins **Zentrum** rückt die Frage: **Wer** ist Kirche? im Sinne von: Wer macht (mit)? Wer ist dabei?
6. Digitale Plattformen und Beteiligungsportale werden vielfach genutzt.
7. Dabei sollte das ehrenamtliche und freiwillige Engagement noch viel stärker bedacht werden. Das „Priestertum aller Getauften“ hält noch so viele Möglichkeiten in unserer Kirche bereit.
8. Innovationen, Kreativität, neues Denken, Erprobungsräume werden unverzichtbare Bausteine für eine Kirchenentwicklung, die auf der Haltung gründet: Wir wollen ausprobieren, Neues wagen, hinausgehen, tun.
9. Aufbrüche gibt es überall. Sie zu fördern, sie zu stärken wird immer mehr als Leitungsaufgabe erkannt (die sogar den Leitenden selbst Freude bereitet).
10. Die Rahmenbedingungen (Gesellschaft, Mitglieder, Finanzen, Personal, Gebäude…) ähneln sich in den hier dargestellten Landeskirchen sehr.
11. Klare Rahmenbedingungen und klare Abläufe immer wieder zu kommunizieren ist wichtig.
12. Der Blick über Jahre wie 2030 oder 2032 hinaus stellt die gegenwärtigen Transformations-überlegungen nicht nur in einen (un-

verzichtbaren) größeren Zusammenhang, sondern macht deutlich: Transformation bleibt eine der Grundmelodien auch in der Kirche.

13. Immer mehr Verantwortliche benutzen zur Beschreibung der Transformationstiefe stärker wirkende Bilder und Vokabeln. Die Veränderungen in der Gesellschaft und die Größe der Reduktion werden immer mehr spürbar. Deshalb kommen auch immer mehr Themen an die Oberfläche (Beamtenstatus, Beihilfe, Versorgung, Fusionen), Tabus werden aufgelöst.
14. Das große (!) Loslassen und das Beenden von Aktivitäten hat noch nicht begonnen.
15. Es ist noch Zeit zum Erproben, es ist jetzt mehr denn je die Zeit genau das zu tun.
16. Die größte Herausforderung, Kirchenentwicklung und Ressourcensteuerung auch strukturell (!) miteinander zu verbinden, steht für alle noch aus. Noch wissen wir nicht, wie „Weniger haben" mit „Neues stärken" sich verträgt, wie „Loslassen müssen" und „Aufbruch wagen" sich verbindet, wie „Junge" Räume erobern und „Alte" nicht vertrieben werden, wie „Wir" neu begreifen und „Wie" wir in der Welt sein wollen und können und bei alledem beherzigen, was Karl Barth als Kritik an der Kirche einmal so ausdrückte: „Es wird heute eher zu viel als zu wenig über Kirche geredet. Es gibt etwas Besseres: Lassen Sie uns Kirche sein."[187]

Die Reise bleibt spannend.

[187] Barth: Grundriss, S. 165

Zusammenfassung vom Teil 3 vom Juni 2022

Gegenwärtige Aspekte, Hypothesen und Fragen kurz und prägnant

- Von den Prozessen in Baden und der EKHN ist zu lernen, dass einschneidende, tiefgreifende und schmerzhafte Veränderungen in Synoden dann mehrheitsfähig sind, wenn eine klare Notwendigkeit in eine bestimmte und festgelegte Höhe von Reduktion plausibel gemacht werden kann.

- Die Linie dort zeichnet sich dadurch aus, die Gesamtkirchen den Rahmen aufstellen und die Ressourcen gerecht verteilen zu lassen und gleichzeitig die Verantwortung, aber auch die Freiheitsgrade der mittleren Ebene für die Verwendung dieser Ressourcen zu erhöhen.
- Bei konkreten Einsparentscheidungen muss es immer darum gehen, das Gesamtportfolio im Blick zu haben.
- Ein Verständigungsprozess muss - wie in der EKKW - mit der Offenheit gerade von Leitung einhergehen, eigene Begriffsvorstellungen, Linien und Überzeugungen zu verlassen.
- Die Erarbeitung von strategischen Kriterien gerät in mehreren Landeskirchen zunehmend in den Blickpunkt.
- Hypothese: Die strategischen Kriterien der Landeskirchen werden sich mehr ähneln als unterscheiden.
- Hypothese: Jeder Innovationsfonds sendet ein Signal des Aufbruchs, jeder Erprobungsraum trägt Hoffnung in sich. Das will gesamtkirchlich zusammengetragen und unterstützt sein.
- Hypothese: Eine breite Beteiligung „von außen“ führt zu weitreichenden Impulsen. Auf diese Weise könnte es leichter möglich werden, dass Gewohnheiten bis hin zu bestehenden Machtstrukturen kritisch hinterfragt werden.

- ➢ Hypothese: Durch neue Koppelungen von verschiedenen Menschen auch aus unterschiedlichen Systemen kann das „Neue“ sich entwickeln (ereignen).
- ➢ Hypothese: Alle vermeintlichen „Festschreibungen“ weisen nur noch begrenzte Haltbarkeit auf.
- ➢ Frage: Hat „Kirche“ tatsächlich kein Erkenntnis-, sondern „nur“ ein Umsetzungsproblem?

4.2. Notwendige Verunsicherungen zu Transformationsprozessen in einzelnen Landeskirchen der EKD

Vorbemerkung: Die folgenden sieben Thesen wurden als Abschlussimpuls auf einer EKD-Tagung mit Verantwortlichen für die Reformprozesse in den Gliedkirchen der EKD am 30.9.2021 in Kassel vorgetragen. Sie nehmen meinen 30seitigen Vergleich zu sieben derzeit laufenden Reformprozessen in Gliedkirchen der EKD mit dem Titel: „Landeskirchen unterwegs – Transformationsprozesse im Vergleich“[188] von Ende August diesen Jahres auf und interpretieren und spitzen dessen Erkenntnisse in dieser nun schriftlich vorliegenden Fassung zu. Oberkirchenrat Dr. Johannes Wischmeyer hat diese Thesen auf Twitter als „allgemeine Verunsicherung“ auf dem Weg bezeichnet und genau das sollen sie sein. Gerade in Zeiten des Wandels ist es wichtig, sich verunsichern zu lassen, um sich neu auszurichten. Letzteres halte ich für dringend geboten. Mir ist sehr deutlich, dass die folgenden Ausführungen zum Widerspruch reizen; aber nur indem wir einander herausfordern, verhelfen wir uns wechselseitig zu mehr Klarheit und Tiefenschärfe. Deshalb sind mir folgende Thesen und Erläuterungen besonders wichtig, wenn man sich die Transformationsprozesse in den verschiedenen Landeskirchen im Vergleich anschaut:

---

[188] Hier nachzulesen: https://www.ermoeglichungskulturkirche.com/post/landeskirchen-unterwegs

1.) An den beiden Grundfragen kommt niemand vorbei: Kirchenentwicklung und Ressourcensteuerung
2.) Die notwendige Transformationstiefe in beiden Bereichen ist enorm, die Verdrängungsmechanismen sind es auch – besonders in den Leitungen.
3.) Die Babyboomer drohen zu scheitern, weil ihre Muster nicht mehr taugen[189].
4.) Das Eingeständnis: Wir wissen es (noch) nicht versus (weiter-?)„MACHEN".
5.) Das Zulassen von „Erproben" und „Ermöglichen" statt alte Strategiemuster zu wiederholen
6.) Die Subjektorientierung ist entscheidend; endlich darf das Priestertum aller Getauften leben.
7.) Nicht nur „Kirche für die Menschen", nicht nur „Kirche mit den Menschen": „Kirche der Menschen" leben

Zu These 1: An den beiden Grundfragen kommt niemand vorbei: Kirchenentwicklung und Ressourcensteuerung

Diese Grundlegung durchzieht die laufenden Prozesse: es geht um Kirchenentwicklung und Ressourcensteuerung. Beide Aspekte sind gleichermaßen wichtig. Sie können getrennt voneinander behandelt werden, aber vorkommen müssen sie.

Wird nur über Ressourcensteuerung geredet, wird also nur übers Einsparen und Reduzieren diskutiert, dann entfacht dies nicht nur keine positive Energie, sondern ganz im Gegenteil stellen sich Widerstände und Frustration ein oder es wird sogar nicht mehr mitgedacht. Wer nur

---

[189] Um Redundanzen zu verringern und aus Platzgründen werden hier nur die Ausführungen zu den ersten drei Thesen wiedergegeben. Der vollständige Text ist hier nachzulesen: https://www.ermoeglichungskulturkirche.com/post/landeskirchen-unterwegs

über das Sparen reden lässt, der wird zudem vor allem mit Interessenskonflikten und Machtfragen konfrontiert. Die zentrale Frage lautet dann: Wer bekommt zukünftig wieviel vom kleiner werdenden Kuchen? Und mit Recht werden alle Beteiligten betonen, dass sie aus ihrer Sicht wichtige, ja unverzichtbare Arbeit leisten. Das Hauptziel der Betroffenen ist dann, den Status quo, die bestehende Struktur zu verteidigen. Ein Umbau, gar ein neues Denken und Handeln, das sich dann auch in einer (neuen) Struktur abbildet, findet so kaum statt. Nur Druck ohne Ruck geht nicht.

Wird nur über den Ruck, über Kirchenentwicklung, über Visionen und neue Vorhaben geredet, dann läuft man Gefahr, sich einstellende Energie abzuwürgen, wenn „plötzlich" die begrenzten Ressourcen ins Spiel kommen. In manchen Beratungszusammenhängen wirkt es wie eine Vollbremsung, wenn aus dem Teilnehmendenkreis heraus plötzlich bemerkt wird: „Dafür haben wir doch keine Ressourcen, keine Ehrenamtlichen, keine Hauptamtlichen…". Und die vielfach angeführte „grüne Wiese", auf der z.B. Kirche neu und losgelöst von allen bestehenden Strukturen gedacht wird, löst bei vielen Teilnehmenden eher Unbehagen und Verunsicherung als Freude und Entdeckerdrang aus. Nicht wenige (nicht nur aus der sogenannten Kerngemeinde) sehen auch gar keine Veranlassung auf diese Wiese zu gehen und Kirche neu zu erfinden. Es soll so bleiben wie es ist und das ist eine durchaus gesunde, weil Energie schonende Einstellung.
Wie gelingt Veränderung? Vergleicht man z.B. die Aussagen von einem der führenden Hirnforscher und Neurobiologen, Gerhard Roth, mit den Erzählungen der Exodus-Geschichte[190] aus der Bibel, dann

[190] 2015 habe ich dies in „Veränderung gestalten. Kirche systemisch wahrnehmen", S. 11ff ausführlich dargestellt. Auf dieser Seite unten als Gesamttext downloadbar: Ermöglichungskultur in der Kirche | Steffen Bauer (ermoeglichungskulturkirche.com)

fallen viele Gemeinsamkeiten auf, wenn es um die Frage geht, warum und wie Menschen und Systeme sich verändern (können)[191].

Gerhard Roth:	Exodus-Geschichte:
1.) Leidensdruck	Sklaverei
2.) Gewinnaussicht, Belohnung	das gelobte Land
3.) Geduld und üben, üben, üben,	Wüstenwanderung
4.) Ressourcen: Bezugsperson, Vertrauen, hilfreicher Funken	Gott, Moses Glaube

Diese Gegenüberstellung macht auch für die Transformationsprozesse in unseren Kirchen nochmals deutlich: es geht um Kirchenentwicklung und Ressourcensteuerung, um Ruck und Druck, um Neues und um Ab- und Umbau und beides ist jeweils in guter Balance zu behandeln.

Zu These 2: Die notwendige Transformationstiefe in beiden Bereichen ist enorm, die Verdrängungsmechanismen sind es auch – besonders in den Leitungen.

Die Entwicklung der Spätmoderne, die Veränderung der Lebensweisen und Lebenseinstellungen in unserer westlichen Welt, die z.B. der Soziologe Andreas Reckwitz in „Gesellschaft der Singularitäten“ eindrücklich beschreibt und die sich seit rund 30 Jahren vollzieht, hat auch und gerade für alle Institutionen gewaltige Auswirkungen. Nicht zuletzt deshalb kann das SI der EKD auf seiner letzten Jahrestagung seine neueste Untersuchung zum Kirchenaustrittsverhalten mit der Frage abschließen, ob wir eine „einsetzende Sogwirkung in Richtung einer säkularen Mehrheitskultur“ erleben und also z.B. die Annahmen

[191] Gerhard Roth fasst diese Erkenntnis in nur 5 Minuten hier exemplarisch zusammen: https://www.youtube.com/watch?v=tJm47RCyjG4

der sogenannten Freiburger Studie über die Höhe der Austrittszahlen sich nicht als viel zu optimistisch herausstellen werden[192]? Ich bin mir sicher, dass dies so sein wird.

Schon jetzt sprechen die Prognosen eine deutliche Sprache. In den meisten Landeskirchen geht man von Rückgängen des Pfarrpersonals um 20 – 30 % in 10 Jahren aus, von ebenso hohen Einsparnotwendigkeiten in Bezug auf die Finanzen und von drastisch notwendigen Reduzierungen im Gebäudebestand. Überall wird von Teamarbeit geredet. Letztlich läuft alles darauf hinaus, die Geschichte einer Gemeindestruktur zu beenden, die seit dem Kaiserreich wirkmächtig war und die besonders nach dem 2. Weltkrieg und mit einem großen Bauprogramm das Gemeindebild von „einer Kirche, einer Pfarrperson, einem Pfarrhaus, einem Gemeindehaus und einem Kindergarten" geprägt hat[193].

Wichtig, ja geradezu entscheidend ist nun aber, dass die Transformationstiefe erst dann deutlich wird, wenn man sich sehr konkret vor Augen führt, was nun angedacht wird, was nun passiert bzw. passieren soll. Laut der vorliegenden Synodal-Drucksachen, vorgelegt durch die Kirchenleitung der EKHN, wird z.B. in der Ev. Kirche in Hessen und Nassau davon ausgegangen, dass fast die Hälfte aller Gemeindehäuser ab 2027 keine gesamtkirchliche Zuweisung mehr erhält, das Pfarrpersonal sich im Zeitraum von 2020 – 2030 um 30% reduziert und die verbleibenden Personen ab 1.1.25 in sogenannten Nachbarschaftsräumen mit einer Gemeindegliederzahl von 3000 – 6000 Personen in multiprofessionellen Teams arbeiten[194].

---

[192] Hier finden sich erste Hinweise auf die Studie, die Veröffentlichung soll noch in diesem Jahr erfolgen: Kirchenaustritte - Sozialwissenschaftliches Institut der EKD (siekd.de)
[193] vergl. Steffen Schramm, Lothar Hoffmann: Gemeinde geht weiter, S. 26ff
[194] Gut zu finden und nachzulesen unter Drucksachen zu ekhn2030 hier: https://kirchenrecht-ekhn.de/list/synodalds

Schaut man sich diesen kleinen Ausschnitt an geplanten Maßnahmen an, dann wird man diese mit Prof. Sabrina Müller aus Zürich als ihr Szenario 1 „Abbau bzw. der Status quo“ der möglichen Szenarien der Kirchenentwicklung titulieren, das in ihren Augen wie folgt geprägt ist: „Langsamer (im Moment beschleunigter) Abbau durch Kirchenaustritte, schwindende Finanzen... Typische Merkmale: Fusionen, Hierarchisierung von Leitungsstrukturen, Ausbau der Organisationsstruktur, Ausdünnung der örtlichen Präsenz, übermäßiger Aktivismus,...“. Gleichzeitig redet sie in diesem Zusammenhang von einer „Traditionalismus-Falle im Kirchenverständnis“, das bestimmt ist durch: „Angebotsorientierung, Gebäudeorientierung, Gottesdienstorientierung, Pfarrzentrierung, Professionalisierung, Mitgliederorientierung im Sinne einer Fokussierung auf die Zahlen“[195].

Diese Wahrnehmungen markieren das Dilemma. Schon der Erhalt des Status quo zieht eine tiefgreifende strukturelle und kulturelle Veränderung unserer Kirche nach sich. Und dabei geht es bei den oben genannten Maßnahmen zunächst „nur“ um das Thema „Ressourcensteuerung“, d.h. ein zunehmender Mangel wird bestmöglich verteilt. Und nochmal: Diese Zahlen müssen konkret werden, um die Transformationstiefe allein auf der Seite der Ressourcensteuerung wirklich erfassen zu können. Wenn man die Vorgaben der EKHN z.B. auf deren Kirchenleitung anwendet, dann müssen bis 2030 auch dort bis zu 30% der Stellen eingespart werden; und das heißt konkret bis zu drei von momentan vorhandenen elf Pfarrstellen in der Leitung dieser Kirche müssen entfallen. Und wie man bis zu 30% bei der Verwaltung einsparen soll, ist eine mindestens ebenso herausfordernde Frage, wenn

[195] So Sabrina Müller in einem digitalen Vortrag für die regionale Ehrenamtsakademie Wiesbaden am 5.10.2021. Dieser Vortrag wurde nicht veröffentlicht. Thematische Überschneidungen finden sich aber z.B. hier: https://www.youtube.com/watch?v=l3ZCenI1yeo bzw. nachzulesen in ihrem Buch: Gelebte Theologie. Impulse für eine Pastoraltheologie des Empowerments, Zürich 2019

man sie einmal konkret auf die Stellen und Arbeitsbereiche jetzt anwendet. Meine Behauptung ist, dass erst solche Konkretionen auf Gemeinde-, Verwaltungs- und Kirchenleitungsebene das Ausmaß der offenbar notwendigen Reduktionen aufzeigen und erst dann auch unter die Haut gehen.

Natürlich löst man mit solchen Aussagen sofort Abwehr- und Verdrängungsmechanismen aus:
Die Prognosen werden in Frage gestellt, man redet die Herausforderungen klein, es wird auf die Unmöglichkeit von Kooperationen oder gar Fusionen hingewiesen, Veränderungen werden bei den anderen (Ebenen) angesiedelt, man habe alles schon probiert, das habe noch nie funktioniert, die Kultur sei eben eine andere. Manche warten auch erst einmal ab und verhalten sich schweigend.
Das alles ist völlig nachvollziehbar, aber entsprechen solche Verhaltensmuster auch den Herausforderungen? Sabrina Müller jedenfalls kann ihr Szenario 2 als „Neubau“ bezeichnen und lässt es bestimmen durch: „radikale Aufgabe der Strukturen, liquide Kirche, zurück zur Jesus-Bewegung, reine Beteiligungskirche“. Hier wird nun Kirchenentwicklung wirklich neu und durchaus radikal gedacht. Aber auch ihr „Umbau-Szenario“ als dritte und von ihr bevorzugte Variante stellt einen tiefgreifenden Wandel dar. Denn darin orientiert sich Kirche am jeweiligen Kontext und Individuum, es präferiert „offene Begegnungsorte und Erfahrungsorte“ und es „muss Raum geschaffen werden für Theologie-produktive Hausbesetzer*innen“. Wenn man solche Aussagen über die Kirche der Zukunft aber mit den vorhandenen Drucksachen und Reformpapieren vergleicht, dann fällt der Unterschied sofort ins Auge. Letztere reichen in der Regel bei weitem nicht an die Transformationstiefe z.B. des Szenario 3 heran.

Zudem fallen Aspekte auf, die in diesen Papieren weithin fehlen. So kann man feststellen, dass die behandelten Zeiträume und die darauf abgestimmten Maßnahmen meistens nur bis maximal 2030, 2032,

2035 reichen. Bis zu diesem Zeitpunkt, so kann man vermuten, scheint das Netz noch irgendwie auszudehnen bzw. irgendwie aufrecht zu erhalten zu sein. Bestimmte gesellschaftliche und politische Szenarien der Veränderung werden gar nicht erst erwähnt. Obwohl dann sicher längst zahlenmäßig in der Minderheit scheint man davon auszugehen, dass die Kirchen nach wie vor ihren Kirchensteuereinzug durch den Staat gewährleistet bekommen und überhaupt Kirchensteuer wie gegenwärtig erheben werden, der Religionsunterricht an den Schulen fortbesteht und auch Besonderheiten der Kirchen z.B. im (Arbeits-) Recht weiter gelten werden. Gleichzeitig werden an vielen kirchlichen Orten z.B. Fragen des Beamtentums der Pfarrpersonen genauso tabuisiert wie die Frage nach Fusionen von weiteren Landeskirchen. Muss der Leidensdruck auch hierzu erst noch viel größer werden? Glauben wir wirklich, dass sich an Vertragsverhältnissen mit dem Staat nichts Grundlegendes ändern wird, auch wenn beiden (!) großen Konfessionen bald nicht einmal mehr 50% der bei uns lebenden Bevölkerung angehören werden und in den urbanen Zentren diese Marke schon heute weit unterschritten wird?

Wenn man bedenkt, dass das erste iPhone von Apple erst vor 14 Jahren auf den Markt kam und Smartphones eben nicht nur unsere Kommunikation radikal verändert haben, dann erstaunt wie wenig man sich in der Kirche mit Zukunftsszenarien und deren Auswirkungen auf unser Leben, auf unsere Lebensweisen, unsere Kultur beschäftigt. Und wenn eben nicht nur der Facebook-Chef Zuckerberg von einem Metaverse Universum in ca. 10 Jahren träumt und die Verwirklichung mit vielen anderen zusammen auch konkret angeht, dann wird sich nicht nur das Internet nochmal stark wandeln, sondern dies auch tiefgreifend unser Leben verändern können[196].

[196] Miriam Meckel hat dazu schon Mitte des Jahres im Handelsblatt u.a. geschrieben: „Dieses Metaverse kann man sich als vollständig digitale Welt vorstellen, die neben unserer derzeitigen Welt existiert. Ein Meta-Universum

In der Kirche dagegen hängen wir an unseren momentanen, sprachlich, zeitlich und räumlich gebundenen Gewohnheiten und Denkweisen und sperren nicht nur die Organisationsstruktur von Kirche, sondern sogar Gottes Wirken darin ein. Deswegen müssen wir dann z.B. über die Frage streiten, ob Gott, die umfassende schöpferische, versöhnende und erlösende dreieinige Dynamis, in der Lage sein könnte, uns in Gestalt des auferstandenen Jesus Christus zum Abendmahl auch in digitaler Form einzuladen und Theolog*innen bei Verneinung dieser Frage empfohlen haben, lieber ein Abendmahlsfasten einzulegen. Gerade an dieser Frage kann man aber auch gut ablesen, wie schnell äußerer Druck Einstellungen verändert: Im zweiten Corona-Jahr jedenfalls stellte sich der Diskussionsverlauf zum digitalen Abendmahl schon deutlich differenzierter dar. Es ging nicht mehr um die Frage ob digitales Abendmahl stattfinden darf, sondern wie es gefeiert werden kann.

Aber auch hier scheint zu gelten: ohne diesen Leidensdruck hätte es diese verhältnismäßig schnelle Entwicklung nicht gegeben.

In 10 Jahren jedenfalls werden z.B. rein digitale Gemeinden zum festen Bestandteil der kirchlichen Landschaft gehören, auch wenn sich viele Kirchenmitglieder dies heute nicht vorstellen können. Die Frage

---

also. In dem können wir uns als Avatare bewegen wie in der analogen Wirklichkeit. Uns mit anderen Menschen von Angesicht zu Angesicht treffen, unterhalten, Dinge einkaufen, Spiele spielen und vieles mehr“, siehe hier: https://www.handelsblatt.com/meinung/kolumnen/kreative-zerstoerung/kolumne-kreative-zerstoerung-metaverse-die-groesste-denkbare-disruption-der-techgeschichte-oder-nur-ein-digitaler-scheissprozess/27456256.html?ticket=ST-3474705-LeOd7DtJMkN1NAFUwBOs-cas01.example.org

wird dann aber nur noch sein, ob es sie nur „außerhalb" oder auch „innerhalb" der vorhandenen Landeskirchen geben wird.

Ich betone nochmals: Die anstehende Transformationsnotwendigkeit wird aus meiner Sicht weder in ihrer Tiefe noch in ihrem zeitlichen Verlauf richtig eingeschätzt. Und der Druck für diese Veränderung entsteht aus meiner Sicht vor allem aus der Tatsache heraus, dass die „Gesellschaft der Singularitäten" in einem radikalen Wandel begriffen ist. Selbst wenn Kirche auch in Zukunft noch über gleichbleibend viele Ressourcen verfügen würde, wäre die Veränderungsnotwendigkeit für Kirche aufgrund der gesellschaftlichen Veränderungen nicht geringer. Diese Herausforderung anzunehmen fällt vor allem auch Leitungen schwer, denn sie stellt letztlich alles Bisherige in Frage und nötigt zu einem radikalen Umsteuern.

Zu These 3: Die Babyboomer drohen zu scheitern, weil ihre Muster nicht mehr taugen.

Sie sind überall in unserer Gesellschaft: die Babyboomer. Und sie sind jetzt vor allem auch in den Leitungen der Kirchen anzutreffen. In den Kirchen ist diese „Generation" sogar absolut dominant, ob im Haupt- oder im Ehrenamt. In den nächsten Jahren aber scheiden sie zumindest aus dem Berufsleben aus. Genau in diesen ihren letzten Berufsjahren aber sind Weichenstellungen zu treffen, die weit über ihre eigene Berufstätigkeit hinausgehen. Müsste deshalb nicht vor jeder Entscheidung besonders intensiv auf die gehört werden, für die diese Entscheidungen viele weitere Jahre ihres Haupt- und Ehrenamtes prägen werden? Ja, müssten diese nachfolgenden Generationen auch in der Kirche nicht nur mitreden, sondern jetzt schon auch viel mehr mitentscheiden dürfen?

Sie sind sehr erfahren: die Babyboomer. Aber das kann auch eine besondere Belastung sein, denn man könnte weiterhin der Versuchung erliegen, auf alle ganz neuen Herausforderungen heute die Antworten von gestern basierend auf Erfahrungen von vorgestern zu geben: „Früher war das so, das hat sich bewährt“, „als ich 1995…, da haben wir das so gemacht…“. So wie wir Babyboomer aufgewachsen sind (3 Fernsehprogramme, Musikkassetten, grünes Telefon auf dem Flur und jede/r konnte mithören...) wächst heute niemand mehr auf. Und so sehr die Kommunikation und das gesamte Medienverhalten heute anders sind, so sehr sind es eben auch die Lebensweisen insgesamt. Die Transformation der Gesellschaft ist längst passiert, sie ist weiter im Gange. Aber kirchliche Reformprozesse reagieren darauf häufig nach einem eingespielten Muster und mit Kirchenbildern, die aus Zeiten stammen, die längst vergangen sind, in denen Babyboomer aber munter weiterleben. Und weil man insbesondere in Krisenzeiten auf Altbewährtes und Vertrautes zurückgreift, gräbt man sich dadurch noch tiefer in eine vergehende Zeit ein.

Dabei geht es gar nicht darum, ob man sich für sich selbst z.B. eine Mitgliedschaft in einer rein digitalen Gemeinde vorstellen könnte. Es geht als Leitung allein darum, ob man solch eine sich deutlich abzeichnende Entwicklung jenseits des eigenen Musters sieht und unterstützt, ermöglicht und befördert.

Das aber geht nur, wenn beherzigt wird: Die Führung des Wandels bedarf des Wandels der Führung und der fängt aus meiner Sicht damit an, alle gängigen Muster, Haltungen, Überzeugungen, Gewissheiten mindestens zu hinterfragen, die eigenen „alten“ Erfahrungen hinten an zu stellen und neugierig auf das zu schauen, was es neu zu sehen und zu hören gibt[197]. Die Erschütterungen von Theologie und Kirche von vor 100 und dann wieder vor rund 50 Jahren haben ganz viel mit solch einem neuen Sehen, Hinhören, Erleben und dadurch einem Wahrnehmen des tiefgreifenden gesellschaftlichen Wandels zu tun.

[197] Vergl. meine Ausführungen in: Ermöglichen, S. 130ff

An dieser Stelle breche ich die Wiedergabe der „Notwendigen Verunsicherungen“ ab, denn aus dem bisher Ausgeführten wird deutlich, um welche Herausforderungen es mir grundsätzlich geht. Zum jetzigen Zeitpunkt besteht die noch ungelöste Aufgabe darin, Kirchenentwicklung und Ressourcensteuerung zusammenzubringen und das heißt für mich vor allem jetzt Innovationen zu ermöglichen und hervorzubringen, aber dann auch irgendwann Altes und Bewährtes mit Neuem dauerhaft zu verbinden.

Hilfreich wäre es, wenn wir als Organisation Kirche viel stärker in die Gedankenwelt der Ambidextrie, der Beidhändigkeit, hineinwachsen würden, denn in ihr wird erstens unsere Situation gut erfasst und dann auch eine Haltung und Umsetzungsmerkmale eingeübt, die der Organisation dauerhaft helfen würde eben genau die genannten Herausforderungen zu bewältigen.

4.3. Ambidextrie, Beidhändigkeit einüben

Die Beidhändigkeit besteht darin, sowohl das Bestehende zu optimieren, das ist der Exploitmodus, als auch Neues zeitgleich experimentell zu erkunden, das ist die Exploration.

Nun sehen wir in den Transformationsprozessen der Landeskirchen tatsächlich beides schon am Werk.

Es wird einerseits gefragt, wie bestehende Strukturen verbessert werden können. Das reicht von Initiativen für verstärkte Kooperation zwischen Gemeinden bis hin zur verbindlichen Bildung von Nachbarschaftsräumen, in denen alle Gemeinden sich selber verordnen müssen wie in der EKHN. Das geschieht zunächst im Exploitmodus. Dazu gehört auch das weit verbreitete Einüben der Teamarbeit.

Andererseits wird in 10 Landeskirchen durch sogenannte Erprobungsräume, durch die MUT-Projekte (Bayern), durch „Kirche im Dialog“

in der Nordkirche, durch die Einrichtung von Kasualagenturen, durch die Stärkung der Fresh X Gedankenwelt und vielen weiteren Beispielen das Neue in vielfältiger Art und Weise angedacht, vorangetrieben, ausprobiert und exemplarisch an vielen Orten Erfahrungen gesammelt. Das ist die Exploration. Ich gehe von der Hypothese aus, dass die Landeskirchen, in denen Exploration und damit Innovation gezielt gefördert wird, sich schneller und besser auf die Umbrüche vorbereiten als die Landeskirchen, in denen dies nicht systematisch und gezielt ermöglicht und eingeübt wird. Es braucht das Ansammeln eines Erfahrungsschatzes und vor allem Menschen, die Innovationen mit allen Chancen und Risiken umsetzen und ausprobieren dürfen. Nur so können sich auch in unseren Kirchen neue Haltungen einstellen und ausprägen. Leben in und mit der Beidhändigkeit braucht eben vor allem diese neuen Haltungen der Innovation.

Das gilt vor allem auch deswegen, weil die beiden Modi durchaus zentrale Gegensätzlichkeiten aufweisen, die man kennen und eigenständig erlebt haben sollte, um besser mit ihnen umgehen zu können. Philipp Elhaus stellt diese dar und problematisiert sie zu Recht.[198]

Während im Optimierungsmodus (Exploit) nämlich standardisierte Abläufe und feste und gut aufeinander abgestimmte Strukturen im Vordergrund stehen, um das Vorhandene langsam und zielstrebig weiterzuentwickeln, handelt es sich im Explorationsmodus um ein Denken und Handeln aus der möglichen Zukunft heraus. Hier sollen radikale Innovationen und neue Ideen umgesetzt werden. Nicht ein einmal gesetztes Mitgliedschaftsrecht wird hier z. B. als Grundlage kirchlichen Handelns genommen, sondern das, was als Bedarfe und Bedürfnisse von Menschen jetzt und hier gesehen wird. Kommt im Exploitmodus dem Recht durchaus nach wie vor normierende Funktion zu, wird im Explorationsmodus mit einer Praxis gearbeitet, die so

[198] Vergl. zum Folgenden: Elhaus, Kirche im, S. 44f

möglichweise vom Recht noch gar nicht gedeckt ist. Es wird erprobt ohne zu wissen, ob und was als gelingend zu bezeichnen sein wird. Zu hoffen ist aber, dass aus diesen Erprobungen, aus dieser neuen Praxis Folgerungen für das Recht beschrieben und umgesetzt werden können. Gerade wenn es z. B. um die Zuständigkeit der Parochie für Amtshandlungen geht, durchbrechen Kasualagenturen dieses Prinzip und formulieren neue Grundsätze.

Philipp Elhaus hat völlig recht, wenn er betont:

„Die Differenzen der unterschiedlichen Modi sind größer, als auf den ersten Blick erscheinen mag, da sie sich auch auf Mindsets und Menschenbilder erstrecken. Ein Umgang mit multiplen, instabilen und fluiden Kontexten verlangt andere Haltungen als das Optimieren bewährter Prozesse."[199]

Diese Differenz markiert auch die Schwierigkeit, auf die die Organisation Kirche zusteuert. In den Landeskirchen, in denen Erprobungsräume eingerichtet und gefördert werden, wird bewusst oder unbewusst nach den Leitlinien einer „strukturellen Ambidextrie" verfahren, d.h. die beiden Modi der Exploitation und der Exploration leben in verschiedenen Organisationsbereichen. Das ist für einen wichtigen und unerlässlichen Zeitraum auch durchaus naheliegend und geboten. Wie aber soll längerfristig verfahren werden? Kann es bei einem solchen Nebeneinander tatsächlich bleiben? Wie wird sich die schnelle und tiefgreifende Verringerung an Ressourcen auswirken? Muss es hier nicht bald zu Entscheidungen kommen, die auch in die bisherige Struktur tief eingreifen und das nochmal stärker, wenn neue Strukturen bzw. Formen von Kirche aufgebaut werden sollen? Kann ein radikal Neues überhaupt mit jahrhundertealten Traditionen verknüpft werden? Elhaus kann als „entscheidenden Punkt" hier das „Führungshandeln" aufzeigen, denn nur ein Wandel der Führung kann einen

---

[199] Elhaus, Kirche im, S.45

„entsprechenden Kulturwandel" vorleben und dann langsam – möglicherweise – auf die gesamte Organisation übertragbar machen.

Für mich besonders wichtig sind seine folgenden Ausführungen, denn sie markieren zudem grundlegende Unterschiede zwischen einer Ambidextrie im Kontext von Wirtschaftsunternehmen und der Kirche:

„Kommunikation, Interaktion und Partizipation sind im religiösen Bereich kein Mittel zum Zweck, sondern Zweck an sich, weil sie auf das unverfügbare Kommunikationsgeschehen zwischen Gott und Mensch als Grunddimension sowohl der christlichen Praxis als auch des kirchlichen Organisationszwecks verweisen. Entsprechend geraten die Akteur*innen in den Erprobungsräumen primär als Subjekte selbstbestimmter Religionspraxis in den Blick, nicht in ihrer Funktion als Mitarbeitende einer kirchlichen Organisation. Diese versteht sich im Blick auf die Initiativen als Assistenzsystem zur Förderung der lokal getragenen Kommunikation des Evangeliums und nimmt insofern eine disponierende Funktion ein."[200]

Der bleibende Gewinn eines ambidextrischen Denkens besteht aber darin, ein Denken in Gegensätzen zu verhindern. Exploitmodus und Explorationsmodus gehören zusammen. Auf die Kirche übertragen: Bewährtes, Vertrautes, Verlässliches sind unerlässliche Grundbausteine auch und gerade im kirchlichen Leben. Daneben aber braucht es eben auch die Ermöglichung von Neuem, Anderem, Ungewohntem. Es gilt:

„Die Leistung ambidextren Leitungshandelns ist es in dieser Situation, die „alten" und die „neuen" Formen von Kirche nicht gegeneinander auszuspielen, sondern unverdrossen explorative Prozesse anzustoßen und zu ermöglichen mit dem Ziel, dass diese Impulse und Erfahrun-

---

[200] Elhaus, Kirche im, S. 47f

gen in die bestehenden Organisationseinheiten zurückwirken und den Spielraum für neue Entscheidungen ermöglichen.“[201]

Elhaus führt dann auch Umsetzungsmerkmale auf:

„Konkret bedeutet dies z. B.:

• Innovationsräume eröffnen und schützen,
• „dysfunktionale Strukturen“ auflösen, Innovator*innen entlasten,
• Evaluation von Erfahrungen und Ergebnissen einplanen,
• Kontaktflächen zu bisherigen Organisationseinheiten herstellen,
• Unsicherheit und das Ausprobieren als konstitutiven Teil des Kirchenverständnisses zulassen,
• an einem entsprechenden Mindset arbeiten.“[202]

An dieser Umsetzung zu arbeiten, diese Konkretionen zu ermöglichen ist zunächst und vor allem eine Leitungsaufgabe, weshalb Leitung an dieser Stelle auch besonders zu adressieren ist:

„Erfahrungen aus dem Bereich der Wirtschaft zeigen: Ambidextrie ist zuallererst eine Leitungsaufgabe, nämlich die Herausforderung, zu Brückenbauer*innen zwischen „soliden“ und „liquiden“ Formen von Kirche zu werden. Wie die Fallbeispiele aus den Erprobungsräumen der EKM zeigen, gilt diese Herausforderung für alle Handlungsebenen, von der Gesamtkirche über den Kirchenkreis bis zur Kirchengemeinde.“[203]

---

[201] 2021-SI-KOMPAKT-Mit-beiden-Haenden-geht-es-besser.pdf (siekd.de), S. 26
[202] Ebenda
[203] Ebenda

5. Leitungen leben Beidhändigkeit vor

Der letzte Satz des letzten Abschnitts ist wichtig: Es geht um alle Handlungsebenen von Kirche, wenn im Folgenden von Leitung die Rede ist.

In Teil 1 habe ich durchgängig alle Haupt- und Ehrenamtliche in der Kirche adressiert. Insbesondere die aus meiner Sicht notwendigen Haltungsveränderungen in einer „Kirche der Menschen" umfassen alle jetzt schon Aktiven in der Kirche. Jetzt aber sind wir auf der Ebene der Organisation und da sind besonders die gefragt, die qua Amt Verantwortung tragen, entweder in der Kirche vor Ort, der jetzigen Kirchengemeinde oder auf der Ebene des Dekanats, des Kirchenkreises oder eben auf gesamtkirchlicher Ebene.

Auf allen Ebenen trägt man aus meiner Sicht vor allem Verantwortung für die Beantwortung der beiden leitenden Fragen: Wie wollen wir Kirche sein? und Wie gehen wir mit der Reduktion der Ressourcen um?

Gerade zu letzteren Herausforderungen gibt es zwischen den Landeskirchen große Gemeinsamkeiten. Die Stärkung des regiolokalen Denkens und die Einrichtung von Teams werden überall auf den Weg gebracht. Das Denken der Beidhändigkeit legt nun nahe, hier beide Seiten, den Exploitmodus und den Explorationsmodus, am Werke zu sehen. Zum einen geht es um eine Optimierung, um Synergien, um die Beantwortung der Frage wie Kirche mit weniger Ressourcen ihren Auftrag erfüllen kann. Gemeinden, so lautet die wichtigste Antwort, sollen sich in ihrem Tun ebenso ergänzen wie Haupt- und Ehrenamtliche mit ihren Gaben. Das sind wichtige und richtige Beschreibungen der Entwicklung auf dieser Seite der Beidhändigkeit. Gleichzeitig wird man sagen müssen, dass schon dieses Denken in Kooperation und diese Form intensiver und aufeinander abgestimmter Zusammenarbeit für die Organisation mehrere Paradigmenwechsel und damit auch eine Neuausrichtung in wesentlichen Aspekten darstellt. „Kirche sucht nur noch Teamplayer*innen“ so muss und wird dann die Überschrift lauten, die vieles nach und nach in der Personaldisposition verändern wird. Und genauso: Gemeinden arbeiten und leben nicht mehr nur für sich, sondern sie leben zusammen und zwar mit anderen Gemeinden in einem Sozialraum und mit noch ganz anderen Gemeinden und Gemeinschaften, Vereinen und Institutionen, Religionen und Organisationen vor Ort in ihrer Region. Auch dies wird vieles verändern, wird vieles neu machen. Für mich stellen diese Veränderungen nicht nur eine Optimierung dar, sondern sie bringen bereits eine tiefgreifende Erneuerung der Aufstellung der Evangelischen Kirche mit sich. Dies wird noch deutlicher, wenn man sich mögliche Strukturveränderungen im Einzelnen anschaut.

So sehr die Veränderungsdynamiken an dieser Stelle in den Landeskirchen vergleichbar ablaufen, so sehr unterscheiden sie sich doch in einer wichtigen Fragestellung:

Was soll zentral geregelt und vorgegeben werden und was soll dezentralen Entscheidungsabläufen vorbehalten bleiben?

Konkret: Wie soll die gewünschte und angestrebte Zusammenarbeit von Kirchengemeinden geregelt sein? Gibt es klare gesetzliche Vorgaben oder überlässt man es den Prozessen vor Ort, ob und wie sich Zusammenarbeit gestaltet und regelt?

An dieser Stelle vollzieht vor allem die Evangelische Kirche in Hessen und Nassau mit ihrem neu gefassten Regionalgesetz einen tiefgreifenden Wandel. Dort ist im März 2022 eine verbindliche Vorgabe verabschiedet worden[204]: Ab Ende 2023 haben die Dekanatssynoden über die Errichtung von Nachbarschaftsräumen zu befinden, in denen

[204] Alle Informationen bis hin zu den Gesetzestexten sind auf diesen Projektseiten zu finden: ekhn2030 - Unsere.EKHN, zuletzt aufgerufen am 6.10.22

alle Gemeinden sich wenn möglich gerade auch nach sozialräumlichen Aspekten zusammenschließen sollen. In diesem Nachbarschaftsraum soll dann in einem zweiten Schritt von den Gemeinden vor Ort entschieden werden, in welcher Rechtsform die Gemeinden in diesem Nachbarschaftsraum miteinander existieren wollen. Zur Auswahl stehen drei Möglichkeiten:

- die Fusion aller Gemeinden in einem Nachbarschaftsraum,
- die Errichtung einer sogenannten Gesamtkirchengemeinde, die dann zwar noch über getrennte Körperschaften des öffentlichen Rechts verfügt, aber von einem gemeinsamen Kirchenvorstand geleitet wird oder
- die Bildung einer Arbeitsgemeinschaft zwischen den selbständig bleibenden Gemeinden, die allerdings auch einen geschäftsführenden Ausschuss haben muss, der über alle wesentlichen Angelegenheiten in Sachen der Gebäude, der Verwaltung und des Personals anstelle der einzelnen Kirchenvorstände entscheidet.

In der Dekanatssynode muss in den kommenden Jahren zudem weiter entschieden werden wie mit den 20% Zuweisungskürzungen gesamtkirchlicher Mittel umgegangen wird.

Im Nachbarschaftsraum muss geklärt werden, an welchem Ort das eine Gemeindebüro errichtet werden soll, an dem die Sekretariatsdeputate zusammengeführt werden sollen.

Sehr wichtig ist auch, dass in jedem Nachbarschaftsraum sogenannte Verkündigungsteams arbeiten werden, die aus den drei Professionen Pfarrer*innen, Gemeindepädagog*innen und Kirchenmusiker*innen gebildet werden und die mindestens aus drei Vollzeitstellen bestehen sollen, wobei sehr flexibel zu handhaben sein wird, welche Profession in einem Team wie stark vertreten sein kann.

Ich erwähne dies hier so ausdrücklich, weil deutlich werden soll, dass es sich bei dieser Rahmengesetzgebung nicht nur um eine Optimierung, nicht nur um den Exploitmodus handelt. Hier geht es auch und gerade um ein völlig neues Leben von Kirche vor Ort in der Region.

Ich werde unter Punkt 7 im dritten Teil noch weiter darauf eingehen. Wichtig ist mir an dieser Stelle das Entscheidungshandeln der Leitungen. Nach langen und intensiven Beratungen in Arbeitsgruppen, Steuerungsgruppe, Kirchenleitung und dann vor allem in den synodalen Ausschüssen sind die entsprechenden Gesetze mit großer Mehrheit verabschiedet worden. Nachdem damit der Rahmen durch die Gesamtkirche vorgegeben ist, sind nun die Entscheidungsorgane auf der mittleren und auf der Ebene der Kirchengemeinden in einer besonderen Verantwortung. Sie müssen auf der einen Seite mit klaren Rahmenvorgaben umgehen, die tief in ihre bisherige Struktur eingreifen, auf der anderen Seite hat die EKHN in ihren grundlegenden Papieren der „Kirche vor Ort“ mehr denn je Gestaltungsspielräume für die Beantwortung der Fragen eingeräumt: Wie wollen wir vor Ort Kirche sein? Welche Schwerpunkte wollen wir setzen? Sicher muss jetzt noch folgen, dass auch Genehmigungsvorbehalte großzügig abgebaut werden bin hin zur Klärung der Frage wie „die Verwaltung“ in der EKHN insgesamt in Zukunft aufgestellt sein soll.

Die ersten Erfahrungen mit dem Gesetz aber sind aus meiner Sicht positiv. Klare Rahmenbedingungen helfen, um sich auf Veränderungen einlassen zu können. Die Gemeinden machen sich auf den Weg, suchen die Nähe in der Nachbarschaft, orientieren sich neu. Dabei ist es nun aber ganz wichtig, nicht nur über die Fragen der Reduktion, der Ressourcensteuerung, der Optimierung zu reden, sondern eben auch, und aus meiner Sicht vor allem, über Fragen der Kirchenentwicklung, über den Auftrag von Kirche. Fragen müssen dann im Mittelpunkt stehen wie: Was wollen wir bewahren? Welche Innovationen wollen wir? Welche Identität haben wir?

Damit wird deutlich: Kirche als Organisation ist auf allen Ebenen vor ein neues Leitungshandeln gestellt, das letztlich immer die Aufgabe umfasst, beidhändig zu denken und zu handeln. Es ist ein umfassender Kulturprozess, der hoffentlich von den Grundeinsichten und Haltungen geprägt ist, die im Teil 1 besprochen wurden. Damit diese Veränderungen geschehen können, muss es allerdings auch zu einer vielfältigen Exnovation kommen.

6. Exnovation ist das Gebot der Stunde

„Exnovation ist das Gegenteil von Innovation. Durch Exnovation werden Nutzungssysteme, Prozesse, Praktiken oder Technologien, die getestet und bestätigt wurden, aber nicht mehr wirksam sind oder nicht mehr mit der Strategie übereinstimmen, abgeschafft bzw. zurückgenommen.

Oft wird der Begriff falsch verstanden als die Abschaffung von Altem. Beispiele in diesem Sinn wären die Verdrängung von Webstühlen, Kassetten- und Videorecordern sowie das Verbot der klassischen ineffizienten Glühlampen durch die Europäische Union.

Im eigentlichen Wortsinn geht es aber vielmehr um die Abschaffung von Neuem, um das Herausbringen von durchaus modernen, aber aus unterschiedlichsten Gründen nicht mehr erwünschten Dingen, Handlungen, Verhaltensweisen und Verfahren aus der Welt.“[205]

Mit Cordula Kropp sage ich es nochmals anders:

„… „Exnovation“ (sb, ist) – eine(r) bislang zu wenig bedachte Variante von Innovation, deren Relevanz aber für die Transformation zu nachhaltigen Gesellschaften kaum zu überschätzen ist. Es geht um die schwierige Schlüsselfrage, ob nicht-nachhaltige Arbeits-, Wirtschafts- und Lebensstile und ihre Routinen und Produkte durch Innovationen aus der Welt geschafft werden können.“[206]

In der Kirche kann man dazu folgende Erfahrung machen: Bei jeder Zukunftskonferenz, bei jedem Open Space, bei jedem World Café ist die Bedeutung des Umlernens, des Verlernens, auch des Weglassens, des Aufhörens, des Loslassens zu spüren. Menschen, die innovative Ideen haben, die gibt es auch in der Kirche. Fast immer ist die Aufzählung und die Zusammenstellung von Ideen aber irgendwann mit der Frage verbunden, wer sie ausführen, umsetzen, tun soll. Und wenn dann gesammelt werden soll, was denn z. B. weggelassen werden

[205] Exnovation – Wikipedia, zuletzt aufgerufen am 8.10.22
[206] Kropp, Exnovation, S. 1

könnte, dann wird es meist sehr schweigsam im Raum der Kirche. Das ist zunächst an und für sich ein gutes Zeichen, denn es zeigt ja, dass nichts von dem, was wir gegenwärtig in der Kirche tun oder haben, ohne Bedeutung ist. Alles wird gebraucht, alles ist wichtig. Es gibt immer auch Menschen, die diesen Kreis, Gruppe, Gottesdienst, eben dieses Angebot wollen und brauchen. Wenn aber alle vorhandene Energie von dem schon Bestehenden absorbiert wird, dann ist Innovation unmöglich.

In seiner trefflichen „Reflexion zur Exnovation“ beschreibt der Wiener Organisationsberater Leo Baumfeld im Jahr 2018 ebenfalls, dass „Exnovation“ ursprünglich im Kontext der Umweltpolitik virulent geworden ist, um dann herauszustreichen:

„Um den Energieverbrauch zu verringern brauchen wir neue Technologien, oder um den Plastikanteil zu reduzieren brauchen wir andere Technologien. Andere Technologien sind aber mitunter mit anderem Verhalten verbunden, d.h. wir müssen uns umgewöhnen. Wir müssen verhalten verlernen oder weglassen, um neues Verhalten anzutrainieren bzw. zu lernen. Dieses Weglassen von gewohntem Verhalten bezeichnet Exnovation. Wir müssen uns umgewöhnen.
Mit Innovation führen wir neue Leistungen und Verhalten in den Markt ein, mit Exnovation führen wir diese wieder aus. Häufig wird unterschätzt, dass Neues nur dann zur Innovation werden kann, wenn vorher alte Gewohnheiten weggelassen werden.“[207]

Baumfeld beschreibt im Folgenden sehr schön die Problematik, das Neue lebendig werden zu lassen, denn das Bestehende besitzt gegenüber dem Neuen immer grundlegende Vorteile. Baumfeld schreibt:

„Da es sich bei neuem Verhalten und neuen Handlungen lediglich um Optionen handeln kann, wohingegen das aktuelle Handeln und seine Wirkung genauer und mit besserer Gewissheit beschrieben werden kann, ist das Neue immer im Nachteil gegenüber dem Bekannten. Oft

[207] Baumfeld, Reflexion, S. 3

werden daher auch drastische Bilder genutzt, um Gewicht zu erzeugen, nämlich das Bild des Abgrundes oder das Bild der hyperattraktiven Zukunft. Der Bedarf des Drastischen verweist darauf, dass die Menschen sowohl ein emotionales, als auch ein rationales Argument brauchen, um für einen Wandel bereit zu sein. Das Meiste ist im Alltag wahrscheinlich gar nicht bewusst, was an Aspekten implizit mitverhandelt wird, wenn es um Veränderungen geht. Ein Blick hinter die Kulissen, was wahrscheinlich mitverhandelt wird, lohnt sich.
Ich bezeichne dies als einen Korridor zwischen der bewussten und unbewussten Sphäre.
In diesem Korridor verorte ich drei Kräfte, von denen ich annehme, dass sie den Blick darauf frei geben, was die Gewohnheiten stützt:

• **Identität** und persönliche oder kollektive (bei Gruppen oder Gremien) Identitätsgewinnung durch die Praxis der bisherigen Aufgabenerfüllung.
• **Reputation** und persönliche oder kollektive (bei Gruppen oder Gremien) Reputationsgewinnung durch die Praxis der bisherigen Aufgabenerfüllung.
• **Legitimität** und persönliche oder kollektive (bei Gruppen oder Gremien) Legitimitätsgewinnung durch die Praxis der bisherigen Aufgabenerfüllung."[208]

Man muss sich bei der anstehenden Entwicklung der Organisation Kirche klarmachen, dass man alle drei Kräfte neu bestimmen muss. Ich verdeutliche dies erneut an den zwei Innovationsbereichen, die in allen Landeskirchen auf der Agenda stehen und die zugleich ein hohes Maß an Verlernen, an Begrüßen und Einüben von neuem Verhalten und Abschied von altem Verhalten erfordern:

- die Kooperation im Gemeinwesen und in kirchlichen Regionen, Kooperationsräumen, Nachbarschaftsräumen und
- das Arbeiten im Team der Berufstätigen und mit Ehrenamtlichen.

[208] Baumfeld, Reflexion, S. 5

Für alle drei von Baumfeld benannten Felder steht mit diesen beiden Innovationsbereichen eine neue Bestimmung an. Es geht vom alten „Ich“ zu einem neuen „Wir“, es geht von einer starken Bezogenheit auf den eigenen Ort zu einem erweiterten Blick auf den gemeinsamen Lebens- und Sozialraum.

In Beratungsprozessen kann man sehr schön die natürlich verständliche Skepsis gegenüber diesen Neuerungen beobachten, aber auch die Versuche, zu den neuen Ufern aufzubrechen. So lautete die Kernaussage eines Teilnehmenden in einem sich potentiell bildenden Nachbarschaftsraum: „Wir werden als neues Ganzes mehr sein als die Summe der Einzelteile“. In solchen Äußerungen blitzt auf, was Baumfeld als wesentlich charakterisiert: Wenn bisherige Gewohnheiten durch ein hohes Maß an „Identität, Reputation und Legitimität“ gestützt, vielleicht sogar begründet worden sind, dann wird das Neue nur einzuführen sein, wenn es nach und nach zu einer neuen Identität, zu neuer Reputation und neuer Legitimität kommt. Das genau ist Exnovation.

Gemeinsam ausgearbeitete Gottesdienst-Konzepte, aber auch zum Konfirmandenunterricht, zur Arbeit mit Kindern und Jugendlichen, zur Kirchenmusik mit ihrer verschiedenartigen Chorarbeit bis hin zum gemeinsamen Gemeindebrief und der digitalen Kirche im Raum befördern dieses neue „Wir“. Aussagen wie „Wir werden als neues Ganzes mehr sein als die Summe der Einzelteile“ legen genau die Spur, die es nach Baumfeld zu verfolgen gilt. In diesem Zusammenhang darf man dann auch in der Kirche von Qualität reden. Es kann durch diese neue Raumbezogenheit sehr viel gabenorientierter gearbeitet werden, d.h. Menschen, die Freude an Religions- und Konfirmandenunterricht haben, werden das verstärkt tun dürfen und andere Aufgaben an andere delegieren. Das alles wird nicht konfliktfrei ablaufen.

Aber es wird immer wieder zu Recht eingefordert, dass man nicht nur über Einsparungen reden wolle, sondern vor allem auch über die Frage, wie man Kirche sein wolle. Es ist kein Zufall, sondern folgerichtig, dass die gegenwärtigen Veränderungsprozesse in den Landeskirchen neben der Ressourcensteuerung die inhaltliche Transformation in den Mittelpunkt stellen. Für jede verantwortliche Leitung ist wichtig gerade dabei die Frage nach dem Weglassen, nach dem Abschiednehmen nach der Verhaltensänderung von sich aus ganz stark zu machen. Baumfelds Plädoyer macht Mut, in den Veränderungsprozessen früh eben gerade auch diese Themen besprechbar zu machen: Identität, Reputation und Legitimität. Über alle drei „Kräfte" muss geredet werden können und zwar von Anfang an.

Dabei braucht es die Rückendeckung für das Umlernen und die Entwicklung ins Neue hinein auf allen Ebenen von Kirche unbedingt. Noch besser wäre es, wenn Leitung und Gesamtverwaltung selber Exnovationen für den eigenen Bereich benennen und einüben könnte. Eine Leitung und Gesamtverwaltung, die dagegen im eigenen Bereich nichts an Exnovation zulassen und leben kann, die wird selber spüren wie wahr der Satz von Leo Baumfeld ist: Neues kann nur zur Innovation werden, wenn man „Altes" vorher verabschiedet und aus der Organisation herausgeführt hat. Unsere Kräfte sind begrenzt.

7. Die „Kirche der Menschen" lebt regiolokal

Die evangelische Arbeitsstelle für missionarische Kirchenentwicklung und diakonische Profilbilder, abgekürzt midi, arbeitet schon seit vielen Jahren schwerpunktmäßig u.a. an der Frage wie Kirchenentwicklung vor Ort und in der Region möglich ist und hat dazu das Leitbild von der regiolokalen Kirchenentwicklung geprägt. Mit diesem Begriff ist folgendes gemeint:

„Starke Regionen brauchen starke Gemeinden – genauso wie starke Gemeinden starke regionale Partner brauchen. Wir sprechen darum von kirchlicher Regionalentwicklung, einer gemeinsam wahrgenommenen Verantwortung für die Kommunikation des Evangeliums in der Region. Für uns schält sich immer stärker heraus, dass unsere Zukunft als Kirche vorwiegend regiolokal verfasst sein wird, also aus dem Zusammenspiel von Region und lokaler Glaubensgemeinschaft leben wird. Die Stärken der örtlichen Präsenz werden kombiniert mit den Stärken regionaler Ergänzung. Im Grunde genommen geht es darum, den Blick etwas zu weiten: Gemeindeentwicklung (lokal) wird ergänzt und bereichert durch Kirchenentwicklung (regional). In einer klassischen Sprachregelung könnten wir auch sagen: Wir entdecken neu die spannende Einheit von „presbyterialer" und „synodaler" Verantwortung für die Kirche. Der Blick weitet sich, das bedeutet auch: Wir sind zum einen nicht allein und können auf die Kooperation mit anderen hoffen. Wir leben aber auch zum anderen nicht nur für uns, und andere können auf die Kooperation mit uns hoffen. Lokale Nähe der Ortsgemeinden als Stärke der evangelischen Kirche wird ergänzt durch regionale Formate für spezielle Zielgruppen, für besondere Lebenssituationen, durch Profil- oder Personalgemeinden, kirchliche Orte und Gemeinschaften, Vereine und Initiativen."[209]

Diesen grundlegenden Gedanken der regiolokalen Kirche kann ich mich gut anschließen. Zweierlei ist aus meiner Sicht allerdings wichtig: Einmal muss der Digitalität einen bedeutenden Stellenwert in der

[209] Herbst/ Pompe, Regiolokal, S. 10

Kirchenentwicklung eingeräumt werden. Das erkenne ich in den vorliegenden Beschreibungen und Entwicklungslinien nicht, dazu mehr im nächsten Abschnitt. Zum zweiten ist die Frage wichtig, in welchem rechtlichen und strukturellen Verhältnis diese regiolokale Kirche gedacht werden soll.

Ich lese die Sätze von midi eher als eine Kooperationsform, die jeweils allein aus innerem Antrieb, aus intrinsischer Motivation erfolgt und letztlich vom Umfang und rechtlich in das Ermessen der einzelnen Körperschaft gestellt ist. Konkret bedeutet das, dass jede Körperschaft für sich selbst zu entscheiden hat bzw. entscheiden darf, welche Form der Kooperation sie wie tief eingeht.

Im Hintergrund steht ganz grundsätzlich die Frage, welche Rahmenbedingungen zentral durch Kirchenleitung und Kirchensynode vorgegeben werden sollen und welche strukturellen Freiheitsgrade für die Kirche vor Ort erhalten bleiben bzw. sogar erweitert werden.

7.1. in einer vorgegebenen Struktur

Mein Grundsatz im Punkt 5 im Teil 3 lautet, dass die Gesamtkirche strukturell klare Rahmenbedingungen vorgeben, inhaltlich aber die Freiheitsgrade erhöhen sollte. Die Frage, wie man im Gemeinwesen und Sozialraum vor Ort Kirche lebt, welche Aufgabe man für sie sieht, wo sie sich wie engagieren soll, wie sie die Kommunikation des Evangeliums angeht, das sollte soweit wie irgend möglich allein vor Ort entschieden werden. Die strukturelle Verfasstheit, in der diese inhaltlichen Bestimmungen aber zu treffen sind, die sollten vorgegeben werden.

Das Beispiel der Nachbarschaftsräume in der EKHN halte ich für sehr gelungen. Ich spreche mich hier für eine verbindliche strukturelle Form der Zusammenarbeit und in manchen Teilen auch des Zusammengehens der Arbeit aus, um wesentliche Entwicklungsnotwendigkeiten einer „Kirche der Menschen" so überhaupt erst zu ermöglichen.

Aus meiner Sicht ist es wichtig, dass wir Gemeinden, Gebäude und eben auch Ehren- und Hauptamtliche mit ihren Möglichkeiten und Begabungen in einem größeren Raum zusammensehen, damit sich die einzelnen Prägungen, Profilierungen und Begabungen auch ausleben können. Diese Veränderungen brauchen Zeit, viel Zeit. Genau diese aber wird knapp. Deshalb braucht es aus meiner Sicht auch klare Struktursetzungen durch die Gesamtkirche, in denen dann alle Organisationseinheiten arbeiten können.

Ich lasse verschiedene Linien meiner Überlegungen im Folgenden zusammenlaufen:

Nimmt man die in Teil 1 vorgestellte „Kirche der Menschen" ernst, will man sie als Teil des Sozialraums und in einer „Gesellschaft der Singularitäten" vielfältig aufgestellt und vielfältig begabt ermöglichen, dann braucht es die Möglichkeit, Gebäude in einem Raum allein aus inhaltlichen Schwerpunktsetzungen zu prägen, auszubauen, zu nutzen. Nicht mehr überall ein Vollprogramm auch an Gebäuden, sondern ein Ganzes, das aus der Summe mehrerer, sich aufeinander beziehender Einzelteile besteht. Da leben unterschiedliche Frömmigkeitsstile von Ortsgemeinschaften nebeneinander und freuen sich an ihrer Verschiedenheit. Da werden Gottesdienste in unterschiedlichen Formen an Orten gefeiert, die dafür wirklich auch ausgestattet sind. Da stimmen sich in Teams alle mit ihren Begabungen aufeinander ab. Und vor allem kommen laufend neue Menschen dazu, um ihre Begabungen, ihre Ideen, ihre Erfahrungen des Lebens, des Glaubens und von Gott auf verschiedene Art und Weise einzubringen.

7.2. mit einer Geschäftsführung in der Verwaltung

Voraussetzung dafür aber wird sein, dass es eine völlig neue und mutige Verwaltungsstruktur im Nachbarschaftsraum geben wird.

Sowohl die ehrenamtlichen Leitungskräfte wie auch die Mitglieder in den Teams sind soweit wie möglich von Verwaltungsaufgaben zu entbinden und das geht aus meiner Sicht dann besonders gut, wenn man in einem Nachbarschaftsbereich, in einem Nachbarschafts- bzw. Kooperationsraum die Sekretariatsanteile an einer Stelle bündelt.

Ich persönlich halte dabei die verschiedenen Überlegungen bezüglich einer Verwaltungsunterstützung z.B. mit einer Verwaltungsassistenz für einen ganz wichtigen und richtigen weiteren Schritt in die richtige Richtung.

Er ist aber aus meiner Sicht auf Dauer nicht ausreichend[210].

In Analogie zur Situation in der ambulanten Pflege, also in den Diakoniestationen um das Jahr 2000, sehe ich einen deutlich größeren Handlungsbedarf, um die Funktionsfähigkeit der Strukturen der Kirche sicherzustellen.

Ab diesem Zeitraum ist im Bereich der EKHN die Einsicht gewachsen, dass die bis dato vorfindliche Organisationsstruktur nicht mehr in der Lage ist, den Betrieb einer Diakoniestation sicherzustellen. Das diakonische Profil, dort verstanden als Balance zwischen Mitmenschlichkeit, Fachlichkeit und Wirtschaftlichkeit, war bedroht. Sowohl bei der Pflegedienstleistung als auch beim ehrenamtlichen Vorstand konnte man kaum mehr mit den gestiegenen Anforderungen Schritt halten. Diese gestiegenen Anforderungen ergaben sich vor allem durch neu eingeführte Markgesetzmäßigkeiten (z.B. Pflegeversicherung) und

---

[210] Im Folgenden greife ich auf meine Überlegungen in „Ermöglichen“, S. 135ff zurück.

Rechtsvorschriften von außen. Von daher wurde das Modell der Installation einer Geschäftsführung überlegt und schließlich in einer Projektphase mit dem Titel „Zukunftssicherung der Diakoniestationen“ umgesetzt und weithin etabliert. Ohne diese Umstellung wäre es kaum möglich gewesen, auf diesem Feld der ambulanten Pflege weiterhin dem Selbstverständnis von diakonischem Handeln entsprechend zu handeln.[211]

Ganz analog sehe ich die Situation jetzt im Bereich der Kirchengemeinden als Körperschaften des öffentlichen Rechtes. Auch in diesem Bereich sind die Anforderungen und Rahmenbedingungen gestiegen. Das gilt nicht nur für den Bereich des Betriebs einer Kindertagesstätte. Ob Datenschutz, Umsatzsteuer, Grundsteuer, Personalführung und -gewinnung, aber auch Brandschutz und vieles andere – es sind Bereiche, die einen Kirchenvorstand in einer Körperschaft des öffentlichen Rechts oftmals vor kaum zu bewältigende Herausforderungen stellen. In der Ehrenamtsakademie bei uns in der EKHN hören wir häufig von Vorgehensweisen und Entscheidungen, die sich nicht mit bestehenden Rechtsvorschriften überein bringen lassen, die aber gleichwohl mit bester Absicht getroffen wurden.

Diese Entwicklung betrifft keineswegs nur die Kirche. In Untersuchungen zum ehrenamtlichen Engagement in Leitungsfunktion wird für unsere Zivilgesellschaft insgesamt festgestellt: „(…) die zunehmende Komplexität der Aufgaben von Vereinsvorständen und anderen Funktionsträgern hemmt offenbar die Engagementbereitschaft“[212]. Ich plädiere sehr dafür, folgende Erkenntnisse zum Anlass zu nehmen, Strukturfragen anzugehen. So führt z.B. eine Studie des ZiviZ, „Zivilgesellschaft in Zahlen“, einer Gemeinschaftsinitiative des Stifterver-

---

[211] Vergl. zum Ganzen: Bauer/ Rottwilm, „Da hat sich jetzt bei uns alles verändert“

[212] ZiviZ, Survey 2017, S. 28

bandes, der Bertelsmann Stiftung und der Fritz Thyssen Stiftung über die steigende Belastung von Vorständen aus:

„Hinzu kommen zahlreiche gesetzliche Verordnungen, die es bei vielen Aktivitäten zu beachten gilt. Bei Vereinsfesten und sonstigen Veranstaltungen sind Hygiene-, Brandschutz- und Lebensmittelverordnungen ebenso zu berücksichtigen wie beim Betrieb einer Schulcafeteria, außerdem Minijobregelungen, TÜV-Prüfungen, Lärm- und Jugendschutzverordnungen. Die Liste ließe sich problemlos erweitern. Derartige Regelungen bringen ehrenamtlich geführte Organisationen oftmals an ihre Grenzen. Hinzu kommt das für ehrenamtliche Aktivitäten häufig zu komplizierte Steuerrecht, das ebenfalls als bürokratische Belastung empfunden wird."[213]

In der Studie wird resümiert: „Durch bürokratisches Handeln werden Freiwillige zur Verzweiflung und zur Aufgabe getrieben."[214]

Diese hier aufgeführte Problemanzeige ist keine des Ehrenamts allein, sondern betrifft alle Berufsgruppen in gleichem Maße. Sie sind nicht darauf vorbereitet, eine soziale Organisation in der Größe eines mittelständischen Unternehmens zu führen. Ausdrücklich möchte ich hinzufügen: Ich halte es für falsch, dass sie das überhaupt tun sollen und müssen. Aus meiner Sicht legt die Organisation Kirche damit Berufsgruppen beständig Aufgabenfelder nahe, die wenig mit deren Grundmotivationen zu tun haben, bzw. sogar gegen diese „verstoßen". Dies auszugleichen, lässt sich auch mit unzähligen Qualifizierungsmaßnahmen kaum bewerkstelligen.

Es ist nur naheliegend, dass eine Pfarrerin mit dem Satz zitiert werden kann: „Ich will doch in erster Linie Seelsorgerin und Predigerin sein, nicht Gemeindemanagerin!"[215]

---

[213] ZiviZ, Survey 2017, S. 28f
[214] ZiviZ, Survey 2017, S. 28

Schaut man sich die Arbeit in den Kirchenvorständen an, dann zeigt sich mindestens eine doppelte Problematik.

Viele Kirchengemeinden leiden unter einer Umsetzungsproblematik und kommen deshalb an denselben Themen oft immer wieder vorbei.

Meist zeigt sich auch, dass für strategisches Vordenken zu wenige Zeiträume zur Verfügung stehen, weil die tagesaktuellen Aufgaben alle Aufmerksamkeit benötigen. Dass dauerhaft Probleme im Blick auf Arbeitsbelastung und Umsetzungsfragen entstehen, wenn Zukunft nicht oft, gut genug und strukturell verankert vorgedacht wird, das kann sich eine Organisation heute aber nicht mehr leisten.

Aus meiner Sicht führt für die Organisation Kirche kein Weg daran vorbei, im Blick auf die zunehmenden rechtlichen und verwaltungstechnischen Erfordernisse „Geschäftsführungen" zu installieren. Nur so kann sie weiter professionell arbeiten und haupt- und ehrenamtliche Leitungspersonen entlasten. Gleichzeitig werden damit Möglichkeiten des strategischen Vordenkens und die Entscheidungsfreude gestärkt.

Die regiolokale Kirche bietet dafür die notwendige Größe und gleichzeitig doch auch noch die Möglichkeit, sich zumindest nach und nach als ein Raum zu fühlen, der auch dem Sozialraumgefühl der dort lebenden Menschen entsprechen bzw. wenigstens nahekommen sollte.

Mein Plädoyer für den Nachbarschaftsraum ist aber kein Weggehen einer „Kirche vor Ort". Als Gemeinschaft kann und soll sie vor Ort bestehen bleiben. Mir geht es aber um eine Entkoppelung von dem Rechtsstatus einer Körperschaft des öffentlichen Rechts. Die Einhaltung der vielen Rechtsvorschriften (die meisten davon gelten nicht nur für Kirchen, sondern für alle Organisationen mit dem Status der Kör-

---

[215] https://dekanat-giessen.ekhn.de/startseite/einzelansicht/news/kirche-fuer-die-zukunft-gestalten.html, zuletzt aufgerufen am 8.10.22

perschaft des öffentlichen Rechts) kann aus meiner Sicht nur durch eine solche Veränderung dauerhaft gewährleistet werden.

Anders formuliert: Ich behaupte, dass die Organisationsstruktur der Kirche von heute nicht mehr tragfähig ist. Es ist kein Zufall, dass bei Kirchenvorstandswahlen immer mehr Kirchenvorstände dazu übergehen, die Anzahl der Mitglieder im Vorfeld der Wahlen zu verringern, um überhaupt noch ein funktionierendes Leitungsorgan aufbieten zu können. Haupt- und Ehrenamtliche müssen entlastet werden, und zwar wirkungsvoll. Die große Energie, die gerade von diesen Menschen ganz häufig in die Organisationsgestalt von Kirche fließt, wird an anderer Stelle dringend gebraucht: um strategisch vorzudenken und aus meiner Sicht mehr dafür zu tun, dass die „Kirche der Menschen" auch auf der Ebene der Organisation stärker unterstützt wird.

Und dazu gehe ich auch noch einen Schritt weiter: Ich persönlich halte ein Modell für sinnvoll, bei dem die Pfarrer*innen im Leitungsorgan einer Gemeinde kein Stimmrecht haben. Es entspricht ihrer Leitungsaufgabe „sine vi, sed verbo" (ohne äußere Gewalt, sondern durch das Wort) zu führen. Gewicht gibt ihnen das Wort.

Ich kann Albrecht Grötzinger darum nur zustimmen, wenn er schreibt:

„Die Kirchenordnungen der deutschen evangelischen Landeskirchen hatten noch bis in die Zeit nach dem Zweiten Weltkrieg hinein dem Pfarrer allein die Gemeindeleitung übertragen. Die derzeit gültigen Kirchengemeindeordnungen bestimmen in der Regel, dass Pfarrer und Kirchengemeinderat, Kirchenvorstand oder Presbyterium gemeinsam die Gemeinde leiten. Nun gilt es den nächsten Schritt zu machen, und die Gemeindeleitung ganz den gewählten Laiengremien zu übertragen. Der Pfarrer, die Pfarrerin hätten dazu im intellektuellen Amt der Erinnerung das ihre beizutragen. Das Amt der Erinnerung kann am ehesten dort seine Wirkung entfalten, wo es nur aus der eigenen Überzeugungskraft Gehör findet."[216]

Folgerichtig versteht Grözinger diese Neubestimmung in seiner Struktur als eine Anlehnung an das Rabbinat der jüdischen Gemeinde.

7.3. mit möglichst vielen Prädikant*innen/Lektor*innen

In vielen Transformationsprozessen der Landeskirchen wird als Auftrag der Kirchen grundlegend die „Kommunikation des Evangeliums" ausgewiesen. Einer „Kirche der Menschen", die in der Sozialraumorientierung einen grundlegenden Bestandteil sieht, tut es gut, möglichst viele Menschen mit dem Dienst der Kommunikation des Evangeliums auch zu beauftragen, in meiner Sicht auch zu ordinieren. Systemisch wird diese Kommunikation des Evangeliums anders werden, wenn sie durch Prädikant*innen und Lektor*innen lebensweltlich und da vor allem berufsbiographisch auch aus ganz anderen Hintergründen gespeist wird. Das stellt für mich keine Abwertung des Pfarrer*innenberufs da. Es verdeutlicht aber die Vielfalt der „Kirche der Menschen" und des Priestertums aller Getauften. Bei der nun überall zu beobachtenden Bildung von Teams sind deshalb diese Ehrenamtlichen besonders zu berücksichtigen. Sie sollten mindestens vierteljährlich eingebunden werden, sie sollten mitreden, wenn über die Predigten und über das Predigen geredet wird, wenn also gemeinsam gelernt wird.

Daneben ist folgende Entwicklung wichtig. In der EKHN gibt es derzeit etwa gleich viele Pfarrer*innen wie Lektor*innen und Prädikant*innen. Durch die Tatsache, dass die Zahl der Pfarrer*innen in

---

[216] Grözinger, Kirche, S. 141. Auf den Begriff „Laie" würde ich gerne verzichten. Hatte er einmal einen guten Klang, weil damit betont wurde, dass man mitten aus dem Volk Verantwortung übertragen bekommen hat, herrscht heute zumeist eine defizitäre Assoziation im Begriffspaar „Hauptamtliche und Laien" gegenüber dem Laien vor.

allen Landeskirchen deutlich zurückgeht, ist es umso wichtiger die Bedeutung der Dienste der Prädikant*innen und Lektor*innen zu stärken. Das bedeutet für mich auch, dass diese Gruppe für die Durchführung von Kasualien ausgebildet wird. Kirche als Organisation braucht auch hier ganz andere Möglichkeiten, Menschen in zentralen Lebenssituationen weiterhin gut zu begleiten.

Gesehen werden muss allerdings auch, dass im digitalen Bereich die Bedeutung der Beauftragung in Zukunft weiter abnehmen wird. Im digitalen Raum stehen nicht die Fragen nach Amt, Beauftragung und Autorität im Mittelpunkt, sondern die Authentizität und die Frage, ob das Gesagte lebensdienlich und hilfreich ist. Aber gerade auch für den digitalen Raum ist es wichtig, dass in vielen Zusammenkünften analog und digital über das Reden auf den Marktplätzen dieser Welt miteinander gesprochen wird, Erlebnisse geteilt und Erfahrungen weitergegeben werden. Das kann und sollte weit über den Kreis von Beauftragten hinausgehen, aber mindestens sie umfassen.

7.4. gabenorientiert

Eine subjektorientierte „Kirche der Menschen", die die Selbstwirksamkeit aller erhöhen und stärken möchte, wird sich die Gabenorientierung als besonderes Kennzeichen auch als Organisation anheften und dadurch auch als Arbeitgeberin attraktiv. Hauptamtliche aller Berufsgruppen werden jetzt schon immer mehr und stärker zu Unterstützenden für Ehrenamtliche. Sie stärken andere in ihrem Tun, sie lassen machen. Nur eine an den Begabungen ausgerichtete Organisation Kirche wird es ermöglichen, dass an vielen Orten weiter z. B. Gottesdienste in vielfältiger Form gefeiert werden, auch wenn es dort keine Hauptamtlichen mehr geben sollte. Beispiele aus ostdeutschen Landeskirchen zeigen schon heute, wie sehr es möglich ist, Menschen aus dem Priestertum aller Getauften dazu zu befähigen und damit vielfältige Aktivitäten weiterzuführen oder gar neu zu begründen.

Gleichzeitig ist es unerlässlich, dass die in der Kirche Berufstätigen ihre Begabungen selbst so einbringen können, dass sie sich mit einem Teil ihrer Aufgaben besonderen Arbeitsfeldern widmen können. Niemand kann alles, aber alle haben Gaben. Und diese Gaben im Dienst auch stärker einbringen zu können, das ist die große Chance in der Teamarbeit. Dies kann man am Beispiel der digitalen Gottesdienste sehr schön deutlich machen. Sie sollten gerade nicht Abbilder der analogen Gottesdienste sein, sondern sie stellen ein eigenes Format dar und brauchen auch besondere Begabungen. Gleichzeitig sollten sie nicht als „ad on" begriffen werden, das man nun als hauptamtliche Person auch noch machen soll. Vielmehr gilt es hier die Möglichkeiten der Gabenorientierung in multiprofessionellen Teams im Verbund mit Ehrenamtlichen zu nutzen. Als Teil des Dienstauftrags können in einem solchen Team Deputate eingerichtet werden, die diesen besonderen digitalen Raum bespielen. Ich bin mir sicher, dass in einer Gesellschaft der Singularitäten dieser Raum noch weiter an Bedeutung gewinnen wird. Gleichzeitig vertraue ich darauf, dass es in den Teams Personen geben wird, die im Rahmen ihres Dienstauftrags hier einen Schwerpunkt setzen wollen und Kolleg*innen dafür andere Dienstbereiche übernehmen. Aber es gilt auch hier: Ohne Exnovation keine Innovation: Es muss auch Abschied genommen werden, damit man selbst neue Räume betreten kann bzw. anderen die Türen öffnet, damit diese dann gerne machen können.

Dass der digitale Raum dabei immer wichtiger wird, zeigt die Entwicklung der letzten Jahre und ein Blick in andere Bereiche von Kirche und ihrer Diakonie.

8. Die „Kirche der Menschen“ lebt digital

Schaut man sich Zahlen der Facebook Nutzer*innen nach Altersgruppen gestaffelt an, so erlebt man so manche Überraschung[217]. Gaben 2012 noch fast 90 % der 16 – 19jährigen Befragten an, Facebook zu nutzen, so waren es 2022 nur noch 39%. Die jüngeren Menschen sind längst zu anderen Social Media Kanälen wie Instagram und TikTok weitergezogen. Der Anteil der über 60jährigen Menschen stieg dagegen an. Über 55% in dieser Altersklasse nutzen Facebook gegenwärtig.

Social Media Aktivitäten sind längst über alle Altersklassen verteilt selbstverständlich und das ist nur ein Beispiel dafür, warum alle Organisationen gut daran tun, Aspekte der Digitalisierung insgesamt offensiv zu nutzen.

Ein ganz anderer Einblick: In allen sieben Pflegeheimen der Altenhilfe der Evangelischen Stadtmission Heidelberg gGmbH sind sie, die Tovertafeln, jedenfalls längst angekommen[218]. Man sieht und hört Bewohner*innen miteinander und mit Angehörigen und Pflegepersonal um den Tisch im Gemeinschaftsraum versammelt sitzen. Eifrig werden Blätter vom Tisch gefegt und sich an Käfern erfreut, die unter den Blättern mitunter zum Vorschein kommen. Oder man setzt große Puzzleteile zusammen. Oder man erfreut sich an prachtvollen Blüten. Spannend ist: Es liegen keine Blüten auf dem Tisch und auch keine Puzzleteile oder Blätter. Es gibt auch keine Käfer darunter. Stattdessen hängt unter der Decke eine sogenannte Tovertafel[219]. In diesem Gerät befinden sich ein hochwertiger Beamer, Infrarotsensoren, Laut-

[217] Facebook - Nutzung nach Altersgruppen in Deutschland 2022 | Statista, zuletzt aufgerufen am 8.10.22

[218] Hanna und Simeon Heim hier: www.altenhilfe-stadtmission.de, zuletzt aufgerufen am 8.10.22

[219] Innovation in der Pflege mit der Tovertafel, hier: https://www.tover.care/de/, zuletzt aufgerufen am 8.10.22

sprecher und ein Prozessor, mit dem die Spiele auf den Tisch projiziert werden. So entstehen farbenfrohe Projektionen auf dem Tisch oder auf dem Boden, die auf Hand-, Arm- und Fußbewegungen reagieren. Berührt man zum Beispiel eine Blüte, wird diese immer größer und schöner. In einem anderen Spiel bewegen sich Seifenblasen über den Tisch, die durch Berührung zum Platzen gebracht werden können. So können die Bewohner*innen selbstständig die Lichtprojektionen berühren und verändern und haben Spaß dabei.

Dabei geht es allerdings nicht nur um Spaß, ganz im Gegenteil. Längst liegen Studien vor, die den Einsatz z.B. einer Tovertafel in ihren Auswirkungen auf die „Spielenden“ untersucht haben.

„Ergebnis: Der Einsatz der digitalen Spielanwendung kann zur Aktivierung von MmD (sb, Menschen mit Demenz) beitragen und Apathie reduzieren. Diese Effekte können sich über die Interaktionsbeziehung als Teil der Beziehungsarbeit Pflege auch mittelbar auf die Arbeitszufriedenheit der Pflege- und Betreuungspersonen auswirken. Es zeigt sich die Notwendigkeit, sowohl räumliche als auch zeitliche Kapazitäten auf organisatorischer Seite zur Verfügung zu stellen, um das Potenzial digitaler Betreuungsangebote zielorientiert nutzen zu können, gerade um einen individuellen Zugang zum Pflegebedürftigen zu gewährleisten. Praxisimplikationen: Digitale Spielanwendungen bieten alternative Ansätze zur Aktivierung und Stimulierung von MmD und können einen Beitrag zur Verbesserung der Versorgungsqualität und Lebensqualität leisten. Sie können MmD differenzierter und effektiver aktivieren und das bestehende Repertoire analoger Spiele erweitern.“[220]

Bezeichnend für den Realitätsgehalt dieser virtuellen Welten ist, dass das Ballspielen mit der Tovertafel nicht mehr angeboten werden kann, weil Bewohner*innen sich beim vermeintlichen Fußballspielen in den Räumen so engagierten, dass eine Verletzungsgefahr durch Stürze

[220] 5. Clusterkonferenz „Zukunft der Pflege“ - ConfTool Pro Export (uniklinik-freiburg.de), zuletzt aufgerufen am 8.10.22

nicht ausgeschlossen werden konnte. Man sieht und lernt und staunt vielleicht auch: Teile der digitalisierten Welt sind längst Realität auch in Pflegeheimen.

In einem anderen Raum diese Pflegeheime kann man dann z.B. auch miterleben wie Bewohner*innen auf dem Fahrrad sitzend virtuell durch ihre Heimatstadt fahren und so ihr altes Wohnhaus sehen oder die Bäckerei, in der sie jahrelang ihr Brot eingekauft haben. Genauso können sie sich aber auch mal den Times Square in New York City anschauen, eine Fahrrad-Safari durch die Serengeti in Kenia machen oder einen Ausflug zum nächstgelegenen See. „Bike Labyrinth" nennt sich diese Geschäftsidee.

„Entwickelt wurde das Bike Labyrinth an der Universität Leiden in Holland. Die Idee ist im Grunde recht einfach: Ein Bildschirm ist an einen Home- oder Bewegungstrainer angeschlossen. Der Gast radelt im eigenen Tempo und kann dabei mit Hilfe des Bike Labyrinths fast die ganze Welt bereisen."[221]

Und schließlich wurden auch schon Virtual Reality Brillen ausprobiert, um den Bewohner*innen die Welt digital nahezubringen. Und auch hier besteht die Möglichkeit entweder in Orte einzutauchen, die man selbst schon erlebt hat oder sich mit den Virtual Reality Brillen neue Welten zu erschließen.

Dieser kleine Ausflug in die diakonische Arbeit mag illustrieren, was heute dort schon Realität bzw. möglich ist und den Facettenreichtum des Begriffs „Digitalisierung" andeuten. Wenn man bedenkt, dass in unserem Land fast 1 Million Menschen in Pflegeheimen wohnen[222], so

---

[221] Meldung - DRK-Kreisverband Essen e.V. hier: drk-essen.de, zuletzt aufgerufen am 8.10.22)

[222] Anzahl und Statistik der Altenheime in Deutschland 2022 (pflegemarkt.com), zuletzt aufgerufen am 8.10.22

stellt sich für mich sehr wohl auch die Frage, wie die Kirche als Organisation diese Menschen in Gegenwart und Zukunft weiter begleiten will. Wie kann Kirche Bindung und Beziehung stärken, Teilhabe weiterhin ermöglichen? Digitale Infrastruktur kann auch hier ein wichtiger Baustein einer „Kirche der Menschen“ sein. Bindungen zu diesen Menschen werden sich in Zukunft auch über digitale Medien verstärkt pflegen lassen.

Wenn man das Thema umfassend dargestellt sehen will, dann bieten sich die Seiten der Evangelischen Landeskirche in Württemberg zu Fragen der Digitalität an.[223] Auf vielen übersichtlichen und anschaulichen Unterseiten werden Antworten z.B. auf diese Fragen gegeben:

„Wie geht Kirche in der digitalen Welt? Was hilft beim Glauben? Die Bibel gibt's schon als App. Werden virtuelle Pfarrer die „echten“ unterstützen oder wird es virtuelle Pfarrbüros geben? Eine Konfi-App für den Unterricht? Oder Wege, zumindest den Papierkram elektronisch zu erledigen? Vieles ist denkbar – aber was ist machbar? Und wer macht es? Was passt zu Kirche?“[224]

Dabei ist bemerkenswert, dass diese Landeskirche schon im Jahr 2017 eine „digitale Roadmap“ erstellt hat, die aus zehn Themenfeldern mit über 150 Maßnahmen besteht. In Unterseiten werden die Fortschritte in dieser Roadmap dargestellt. Die 10 Themenfelder plus ein Querschnittsthema lauten[225]:

---

[223] Digitalisierung in der Landeskirche (elk-wue.de), zuletzt aufgerufen am 24.9.22

[224] Ebenda

[225] Die Projekte der digitalen Roadmap (elk-wue.de), zuletzt aufgerufen am 24.9.22

- Ganzheitliches Kommunikationskonzept
- Optimierung von Bestandsprozessen
- Optimierung der Zusammenarbeit
- Entwicklung Leitbild: Digitalisierungsprojekt
- Digitalisierung des Gemeindeamts
- Plattform Kirche: Digitale Gemeinschaft
- Kompetenzzentrum Online-Kirche
- Digital Hub: „Zukunft der Kirche“
- Entwicklung von Innovationen

- Querschnittsthema: Kulturwandel

Um zu verdeutlichen, wie sehr diese Landeskirche in ihrer Digitalisierungsstrategie beidhändig unterwegs ist, seien hier für zwei Themenbereiche auch die Unterthemen angegeben.

So heißt es zum Themenbereich „Optimierung der Bestandsprozesse“:

„Die Optimierung von Prozessen bringt zahlreiche Vorteile für die Zukunft der Evangelischen Landeskirche mit sich:

- Die Verschlankung von Verwaltungsprozessen führt zu einer Verbesserung der Arbeitsleistung und höherer Mitarbeitendenzufriedenheit
- Der Bedarf nach transparenter interner Kommunikation wird bedient
- Klare Strukturen und Richtlinien ermöglichen die Einsparung von wertvollen Ressourcen sowie die Steigerung der Effizienz im Arbeitsalltag bei gleichzeitiger Entlastung der Mitarbeitenden.“[226]

Und beim Themenbereich „Kompetenzzentrum Online Kirche“ werden folgende Themen benannt:

---

[226] https://www.elk-wue.de/leben/digitalisierung-in-der-landeskirche/die-projekte-der-digitalen-roadmap, zuletzt aufgerufen am 8.10.22

- „**Seelsorge**: Bestehende Seelsorgeformate (Telefonseelsorge) um digitale Kanäle (Chat- und Video-Seelsorge-Angeboten) ergänzen
- **Social-Media-Kommunikation**: Interaktion mit Gläubigen findet ergänzend zur persönlichen Kommunikation in sozialen Netzwerken statt
- **Digitale Mission**: Kirche wird befähigt, Menschen dort zu erreichen, wo sie online unterwegs sind
- **Dienstleistungen**: Bündelung von Services in digitalem Kompetenzzentrum“[227]

Der Exploitmodus, die Optimierung des Bestehenden, und die Exploration, die Erkundung von neuem, werden beide bedacht und vorangetrieben. Das geht nur, wenn man sich eine umfassende Roadmap erarbeitet und diese durch ausgewiesene Teams plant, begleitet und vorantreibt.

Auch die Nordkirche hat sich längst auf den Weg gemacht und in ihrem Synodenreader zur Zukunftssynode im September 2022 sich für das entsprechende Handlungsfeld die Überschrift und folgende zwei Impulse gegeben:

„Digitalisierung energisch vorantreiben
Impuls 8.1 Digitalisierungsstrategie (weiter) entwickeln
Impuls 8.2 Digitale Arbeit als kirchliches Handlungsfeld anerkennen.“[228]

In den Ausführungen ist dann folgendes zu lesen:

„Die Kleingruppe hat hierzu einen ersten konzeptionellen Vorschlag erarbeitet. Basierend auf eigenen Erfahrungen mit digitalen Formen von Verkündigung und Gemeindearbeit wurden Grundzüge der Vision einer digitalen Community in der Nordkirche formuliert. Wesentliche Ansatzpunkte der Vision sind

---

[227] Ebenda
[228] Nordkirche, Synodenreader, S. 5

• die Anerkennung digitaler Arbeit als grundständiges kirchliches Handlungsfeld,
• die Förderung der Vielfalt an Angeboten als Vielfalt an Zugängen zu Kirche sowie
• die gezielte Vernetzung durch Qualifizierung der im Digitalen Engagierten.“[229]

Ich wage einen Sprung in die Zukunft. Die folgenreichsten Weiterentwicklungen in der digitalen Welt liegen wohl noch vor uns. Ob es das sogenannte „Metaverse“ sein wird[230] oder ob das Ziel von Mojo Lens jemals erreicht wird, einen Computer zu konstruieren, „der sich als Kontaktlinse im Auge völlig unsichtbar in den Alltag der Menschen einfügt“[231], es gibt eine schier unbegrenzte Anzahl an Möglichkeiten und es wird viel Geld investiert, um einige davon zu realisieren. Wenn man bedenkt, dass die Geburtsstunde des Smartphone im Jahre 2007 war, diese Geräte jetzt also erst mitten in der Pubertät angekommen sind, dann kann einem schwindlig werden bei dem Wahrnehmen, wie schnell der Wandel sich vollzieht. Selbst wenn man sich selbst aus all diesem Wandel herausnehmen will und kann, so muss man doch feststellen, dass der digitale Fortschritt nicht nur unser Kommunikationsverhalten, sondern unsere gesamte Weltbeziehung, unsere Beziehungen und Bindungen weiter verändern wird. Georg Lämmlin fasst die Erfahrungen mit der Digitalisierung insbesondere auch in Pandemiezeiten treffend so zusammen:

---

[229] Nordkirche, Synodenreader, S. 65

[230] „ Ein Metaversum oder Metaverse ist ein digitaler Raum, der durch das Zusammenwirken von virtueller, erweiterter und physischer Realität entsteht.[1] Hauptaspekt ist es dabei die verschiedenen Handlungsräume des Internets zu einer Wirklichkeit zu vereinigen“, Metaversum – Wikipedia, zuletzt aufgerufen am 8.10.22

[231] AR-Kontaktlinse Mojo Lens: Was sie kann und wann sie kommt (mixed.de), zuletzt aufgerufen am 8.10.22

„Auf den Punkt gebracht wurde für die Gesellschaft deutlich, dass es sich bei der Digitalisierung um einen sozialen und nicht nur um einen technologischen Prozess handelt. Aus dem Projekt „Internet of Things“ wurde mit einem Mal, aber noch einmal anders das „Internet der Menschen" als digitale Transformation des (gesamten) sozialen Lebens und der Interaktionen der Arbeit- und Lebenswelt.“[232]

Der Entwicklung der Digitalität zu folgen, hier zu investieren, hier selber besonders starke Innovationsakzente und Anreize zu setzen, ist unerlässlich. Dabei handelt es sich eben nicht um ein „ad on“, das man auch noch bedienen kann, wenn man mag. Es handelt sich um eine aus meiner Sicht grundlegende Frage, ob und wie „Kirche der Menschen“ lebt und leben kann.

---

[232] Lämmlin, Digitalisierung, S. 2

9. Die Landeskirchen in der EKD gehen zusammen

Der Wechsel der Betrachtungsebene von der Digitalität hin zu der Frage nach der Zukunft der Landeskirchen könnte unterschiedlicher nicht sein. Hier gibt es einen rasanten Wandel, der es innerhalb von nur 15 Jahren schafft, völlig neue Lebensweisen, Bindungs- und Kommunikationsformen breit übers Land zu streuen. Zugleich entstehen neue Konzerne und Konzernstrukturen, Organisationen werden umgekrempelt oder verschwinden. Die Landeskirchen aber bleiben. In den meisten Leitungen wird der Gedanke nach Fusionen weit weggeschoben. Da hat die sogenannte Freiburger Studie einen schnellen Rückgang der Gemeindegliederzahlen prognostiziert und die Realität der letzten zwei Jahre überholt diese Prognose und legt eine noch schnellere Abnahme nahe. Dennoch will man, von rühmlichen Ausnahmen abgesehen, zumeist nicht wahrhaben, dass dieser Rückgang auch etwas für die 20er-Zahl der Landeskirchen bedeuten könnte.

Interessant ist gleichzeitig: In allen Landeskirchen wird einer engeren Zusammenarbeit bis hin zur Fusion zwischen Gemeinden und Dekanaten/Kirchenkreisen das Wort geredet wird. Auf dieser Ebene soll man sich sehr wohl bewegen.

Während der Rückgang der Gemeindeglieder häufig ein zentrales Argument für eine angestrebte Zusammenlegung von Gemeinden und Dekanaten/Kirchenkreisen ist, lässt man auf der Ebene der Landeskirchen dieses Argument gerne außen vor und also existieren Landeskirchen mit deutlich unter einer Million Kirchenmitglieder weiter.

Ein weiteres Argument für eine angestrebte Zusammenlegung von Gemeinden und Dekanaten/Kirchenkreisen ist die Übereinstimmung der Gebiete mit denen von Kommunen bzw. Landkreisen, die dadurch hergestellt werden soll. Auf der Ebene der Landeskirchen soll genau das aber offenbar weiterhin möglich sein: mehrere Landeskirchen in einem Bundesland.

Auf der Ebene der Kirchengemeinden und Dekanate/Kirchenkreise wird das auch ohne Fusion dringend erwünscht: die Profilierung einzelner Angebote und Schwerpunkte und ein aufeinander abgestimmtes Portfolio. Die Landeskirchen bewegen sich aber auch darauf nur zögerlich zu.

Organisationslogisch ist das nachvollziehbar: Wer „schafft“ sich schon gerne ab? Dagegen sprechen die meisten Kirchenmitglieder eine klare Sprache. Sie fühlen sich laut letzter Kirchenmitgliedschaftsuntersuchung in ihrer überwältigenden Mehrheit (72,5 %) ihrer Landeskirche nur „etwas“, „kaum“ bis „überhaupt nicht“ verbunden[233]. Eine Strukturveränderung auf dieser Ebene wäre für die meisten Kirchenmitglieder also nicht relevant.

Warum also nicht anstreben, bis zum Jahr 2035 statt 20 „nur“ noch 10 Landeskirchen in der EKD zu haben? Württemberg und Baden warten nicht mehr auf den „Jüngsten Tag“, um sich dann auch „erst am Nachmittag zusammenzuschließen“ (Ulrich Fischer). Die Kirche „Rhein-Hessen“ besteht aus EKKW und EKHN, die Rheinländer sind mit den Pfälzern zusammen und die Kirchen der Konföderation in Niedersachsen sind auch eins geworden.

Meine Behauptung ist, dass allein schon das Aussprechen einer solchen Landkarte von kirchenleitenden Organen sofort etwas befördern würde. So würde man z. B. die Zukunft von profilierten Akademien mit einem je spezifischen Angebot, die Zahl der Ausbildungsstätten und Hochschulen und deren spezifischen Arbeit bei zurückgehenden Personalzahlen sofort nur noch miteinander planen.

Auch die Zusammenarbeit in Fragen von bestimmten zentralen Verwaltungsdienstleistungen (mit all ihren Hard- und Softwarefragen) würde sofort anders angepackt werden. In Zeiten, in denen es weniger

---

233 Vergl. Spieß/ Wegner, Vernetzte Vielfalt, S. 50f

denn je wichtig ist, wo bestimmte Arbeiten ausgeführt werden, müssen aus meiner Sicht Fachstellen, Einrichtungen sofort zusammen gedacht und nach und nach zusammengebracht werden.

Aus meiner Sicht ist das kein Widerspruch: einerseits die Verwaltung mittels einer Geschäftsführung regiolokal, also dezentral zu stärken und auf der anderen Seite Fragen z. B. einer Gehaltsabrechnung, des Datenschutzes, sämtlicher Beschaffung von Hard- und Software zentral zu regeln.

In dem Aussprechen solcher Optionen und der Koordination von Prozessen mit diesen Zielen sehe ich auch die Hauptaufgabe der Organe der EKD und des Kirchenamtes der EKD. Es gibt keinen Grund zum Warten, denn all diese Fragen stellen sich und werden drängender, es ist nur eine Frage der Zeitdrucks auf der einen und des Mutes auf der anderen Seite.

Ich jedenfalls halte es nicht für gerechtfertigt, dass die kirchliche „Kleinstaaterei“ unnötig Ressourcen in parallele Strukturen bindet, die man dringend in der regiolokalen und der digitalen „Kirche der Menschen“ braucht.

10. „Kirche der Menschen“ statt „Volkskirche“

In den Transformationsprozessen der Landeskirchen taucht immer wieder die Frage auf, ob denn die Evangelische Kirche in Deutschland noch „Volkskirche“ bleiben werde oder könne.

In meinen Augen ist eine „Kirche der Menschen“ sogar mehr als „Volkskirche“ je sein konnte. Das Wort „Volk“ hat für mich einen so problematischen Beigeschmack, dass wir es im Zusammenhang mit Kirche nicht mehr verwenden sollten.

„Kirche der Menschen“, der ja sowohl die Mitgliederorientierung als auch die Sozialraum- bzw. Gemeinwesenorientierung wesentlich ist, bezieht alle Menschen als Subjekte mit ein. Dabei fragt sie nicht nach Herkunft, Milieu, Alter, Geschlecht…, sondern lebt den Grundsatz:

Alle Menschen sollen sich so einbringen können, wie sie das aus ihren Lebens-, Glaubens- und Gotteserfahrungen in ihren jeweiligen Lebensabschnitten heraustun wollen und können. Sie leben, handeln, feiern und erzählen dabei als Teil von Kirche und damit als Subjekte kirchlichen Handelns an allen Orten, zu allen Zeiten, mit jedem denkbaren Kommunikationsmedium. So gestalten sie ihre Kirche und suchen der Stadt Bestes.

Das ist „Kirche der Menschen“.

Teil 4: Vorträge

"Welche Kirche braucht es künftig, damit Menschen gerne Christ werden und Christ bleiben?"

Frühjahrstagung der Landessynode der ELKB am 29. März 2022 - Vortrag als Impuls zum Thema – Was kann der PuK-Prozess dazu leisten?“

PuK[234] lebt.

Ein Blick auf den Ablauf des heutigen Tages zeigt es schon. Sie bleiben bei diesem Thema nicht unter sich. Sie wollen zuhören, Sie wollen sich bereichern, vielleicht auch provozieren lassen. Sie wollen auf Menschen hören, die nicht Teil Ihrer Synode sind und damit, mit dieser Tagesordnung greifen Sie eine Grundhaltung auf, die Sie sich im PuK-Prozess verdeutlicht haben:

Nicht bei der Struktur, nicht bei der Organisation, nicht bei der Institution setzen Sie an, sondern, so haben Sie es sich vorgenommen, ich zitiere aus Ihren Lindauer Beschlüssen: „Ausgangspunkt ist das Nachdenken über den biblischen Auftrag, der immer wieder neu ins Verhältnis gesetzt wird zur Lebenssituation der Menschen“. So lebt der erste sogenannte „Perspektivwechsel“ von PuK: „weg von der Strukturfixierung zur Konzentration der Aufgaben“. Und leben kann der Perspektivwechsel nur, wenn man ihn auch andauernd und wiederholt anwendet: PuK hat man nicht, PuK lebt man.

„Christus. Miteinander. Leben“ – die – wie Sie in Ihrem Lindauer Beschluss schreiben – „maximale Verdichtung aller Aspekte“, „Christus. Miteinander. Leben“ hat man nicht, man lebt das.

---

[234] PuK = Profil und Konzentration. So nennt diese Landeskirche ihren Prozess.

Und indem Sie PuK hier, heute so vor-leben, beherzigen Sie einen Grundsatz der Veränderungstheorie: Die Führung des Wandels braucht einen Wandel der Führung. Sie tun das, Sie machen das, Sie leben ihn vor, den Perspektivwechsel von PuK, indem Sie selbst zuhören und sich von außerhalb der Synode bereichern lassen.

Und damit haben Sie doch auch schon eine erste Antwort auf ihre inhaltliche Frage des heutigen Tages gegeben: "Welche Kirche braucht es künftig, damit Menschen gerne Christ werden und Christ bleiben?" – Es braucht innerhalb der Kirche lebendig zuhörende Menschen, die sich durch das Gehörte selbst in Frage stellen lassen.

Hohe Synode, ich will Ihnen mein Verstehen Ihres PuK Prozesses im Zusammenhang Ihrer Leitfrage für diesen Thementag gerne zur Verfügung stellen und schon aus den ersten Worten merken Sie hoffentlich, wie sehr ich davon überzeugt bin, dass Ihre Grundlagen, Ihre zentralen Aussagen gelebt zu werden verdienen. Gleichfalls bin ich von Anfang an über eine Sache sehr irritiert gewesen.

Unter der Überschrift „Profil und Konzentration“ haben Sie in den Lindauer Beschlüssen zwei Perspektivwechsel, eine maximale Verdichtung mit dem Satz „Christus. Miteinander. Leben“, eine fast zwei Seiten lange Zukunftsvision, 5 Grundaufgaben und dazu über 70 strategische Ziele beschlossen und dann noch eine Fülle von Maßnahmen zwar nicht beschlossen, aber munter aufgelistet. „Profil und Konzentration“ auf deutlich über 40 Seiten. Wow, haben Sie das alles präsent, wissen Sie das alles, lebt das alles?

Wenn ich noch nie etwas von PuK gehört hätte und ich würde gefragt werden, wie viele Seiten man braucht, um einen Beschluss mit der Überschrift „Profil und Konzentration“ wiederzugeben, ich wäre niemals auf diesen Umfang gekommen.

Wenn Sie mich aber gefragt hätten, was man als Kirche tun muss, um zu einem möglichst einstimmigen Votum aller leitenden Organe zu kommen, dann hätte ich Ihnen bestimmt gesagt: Möglichst alles, was denkbar ist, auflisten und alles gemeinsam verabschieden lassen. Alle finden sich wieder, niemand bleibt außen vor. Alles gut.

Für mich ist PuK Ihre maximale Verdichtung und Ihre beiden Perspektivwechsel. Alles andere leitet sich daraus ab. Ja, ich weiß, das steht eigentlich auch schon so da. Aber wenn man sich durch das Papier arbeitet, dann passiert möglicherweise nicht nur mir folgendes.

Zuerst lebt Kirche, auf den ersten Seiten, und dann arbeitet sie sich ab. Zuerst werden neue Horizonte eröffnet und man atmet durch und dann kommen gefühlt unzählige strategische Ziele und ich sehe Abteilungen sich daran abarbeiten, tonnenweise werden Vorlagen für die Synode erstellt, sehe Sie als Synodale mit einer Überfülle an Papier vor sich und kriege plötzlich das selber nicht mehr hin: Profil und Konzentration auf das Wesentliche.

Und dann muss ich wieder von vorne lesen und merke: Entscheidend sind gar nicht die Einzelziele und die dahinterliegenden Maßnahmen, entscheidend sind die Haltungen, mit denen Sie als Kirche unterwegs sein wollen und die sich im Ablauf des heutigen Tages wiederspiegeln. Aber das muss man gut unterscheiden. Haltungen können Sie nicht einfach erarbeiten. Manche in der Organisationstheorie halten es sogar für gänzlich unmöglich, Haltungen gezielt verändern zu können. Sicher ist: Die Organisation Kirche braucht strategische Ziele und Maßnahmen, und deswegen ist es so wichtig, was Ihnen gestern über die strategische Arbeit des LKR auch vorgestellt wurde, unbedingt. Haltungen brauchen etwas ganz anders und darin sind Sie total stark: Räume und Zeiten der Erprobung, eine Kultur der Ermöglichung, Mut, Vertrauen und Zutrauen und das alles in einer schwieriger werdenden Zeit.

Ich spitze das nochmal zu: Ihr zweiter Perspektivwechsel lautet: Vom Anspruch geistlicher Vollversorgung zur Haltung des Säens und Wachsenlassens. Mir gefällt das, aber ich hoffe, dass Sie merken, wie gewaltig diese Haltungsveränderung ist. Wir leben in der Kirche seit deutlich über 100 Jahren in der Haltung der Vollversorgung. Das ist geradezu die DNA unserer Kirche, nämlich dass die Gemeinde vor Ort mit Kirche, Pfarrperson, Gemeindehaus, wenn möglich Kita alles abdeckt. Geht das in Zukunft noch? Geht das einfach so weiter? In Ihren Beschlüssen schreiben Sie dazu zu Recht, Zitat: „Das ganze System unserer Kirche ächzt unter dem impliziten Anspruch allen und allem gerecht zu werden. Das ist eine komplette Überforderung" – ja, das ist es und ich finde es toll, dass Sie das am Anfang so deutlich beschreiben. Aber wie man davon wegkommt als Kirche, als Haupt- und Ehrenamtliche, in der Struktur, das ist noch lange nicht ausgemacht. In PuK folgen auf diesen Satz über vierzig Seiten und ich frage Sie: Haben Sie es nach diesem Satz nicht gemacht wie immer? Alles auflisten, es allen und allem recht machen und genau deshalb sich wieder Überforderung einhandeln. Aber auch hier gilt für mich der Satz: Die Führung des Wandels bedingt den Wandel der Führung. Einüben im Weglassen, einander Mut machen zum Weglassen, das Beenden und das Einschränken erproben, es gehört auch da ganz viel an Ausprobieren dazu.

Also Sie merken, mir geht es vor allem um die Perspektivwechsel, denn sie setzen alles andere frei. Die zu stärken, die zu profilieren, die einzuüben, davon hängt so viel ab und gleichzeitig sind sie so herausfordernd.

Christus. Miteinander. Leben – Sie schauen auf das Leben, mehr noch: Kirche lebt für Sie im doppelten Hören auf den Auftrag von Kirche und auf die Menschen. Ich selbst bin mit dem Hören schnell überfordert. Weil das Gehörte so viel ist und auch noch so anders ist als ich es gewohnt bin und dem, was mir so wichtig ist. Ich gebe Ihnen ein paar Beispiele und ich fange scheinbar harmlos an.

In Zoom Konferenzen liebe ich es, wenn man hinter den Teilnehmenden auf Bücherregale schauen kann. Also um ehrlich zu sein, Theologinnen und Theologen fahren da gerne das ganz große Geschirr auf. Ich versuche dann immer zu erkennen, was da so für Bücher stehen und merke, dass die Jüngeren häufig ganz andere Sachen im Regal haben als ich. Also um ehrlich zu sein, ich weiß oft gar nicht, was das für ein Zeug ist.

Dann wollen wir als Kirche ja gerne nah bei den Menschen sein, also habe ich mich auch bei TikTok, einem Social Media Kanal mit vielen bunten Videos von den Nutzer*innen selbst gedreht, angemeldet. TikTok hatte vor 2 Jahren in Deutschland über 5 Millionen Nutzende und gegenwärtig 20 Millionen, eine unfassbare Steigerung. Die haben in zwei Jahren mehr Menschen in ihrem Kanal versammelt als unsere evangelische Kirche Mitglieder hat. Also „Kirche nah bei den Menschen", ich habe mir einen account zugelegt. Nach 2 Wochen war ich wieder draußen. So nah wollte ich anderen Menschen denn doch nicht kommen. Nein, diese Kurzvideos dort brauche ich zum Leben nicht, da will ich auch keine Videos von mir hochladen und natürlich würde die dort auch niemand sehen wollen. Das ist nicht meine Welt. Übrigens als ich mich vor Jahren bei Facebook angemeldet habe und geblieben bin, sind meine Söhne dort ausgestiegen und weitergezogen. Diese Nähe wollten die nicht – kann ich verstehen.

Ich erzähle Ihnen das, weil Hörfähigkeit bedeutet, sich verwirren zu lassen. Ja, ich gehe noch weiter: Ich bin und werde durch diese Vielfalt und Vielstimmigkeit verwirrt und gewinne den Eindruck, dass die Welt verrückt geworden ist – und ver-rücken ist ein gutes Stichwort für unsere Zeit. Wir leben in einer verrückten Welt. Klimawandel, die Pandemie, der Krieg in der Ukraine. Die Welt ist verrückt geworden, nicht erst seit gestern, sondern schon seit langem, aber manche, viele gravierende Veränderungen brauchen Zeit bis sie ins Bewusstsein kommen. Viele Annahmen, von denen ich mal ausgegangen bin, tragen nicht mehr und das betrifft die Welt, die Gesellschaft, die Kirche. Es ändert sich so viel so schnell. Man kommt kaum hinterher, ich komme nicht mehr hinterher.

Und diese Wucht an Ver-rückungen trifft auch uns als Kirche. Jedes Mal, wenn die Verfasser*innen der sogenannten Freiburger Studie eine Aktualisierung der Prognosen veröffentlichen, zeigt sich: auch die neuen Annahmen vom Rückgang der Gemeindemitglieder sind nicht mehr deckungsgleich mit der gegenwärtigen Realität. Der Rückgang ist zwischenzeitlich noch größer geworden. Es wird einfach alles ganz schnell ver-rückt. Gewissheiten werden ver-rückt.

An dem Rückgang der Gemeindemitglieder wird ja auch nur deutlich, was sich z.B. im Bindungs- und Beziehungsverhalten alles verändert hat und das müssen wir wahrnehmen. Um es kurz zu sagen: Die Selbstverständlichkeit wie die meisten von uns in der Kirche und dann auch im Glauben groß geworden und heimisch geworden sind, gibt es heute nicht mehr. Und alle Untersuchungen auch zum Ehrenamt zeigen uns, dass es nach wie vor eine große Bereitschaft gibt, sich ehrenamtlich zu engagieren, wir spüren das doch gerade in diesen Wochen wieder, aber sich einfach so in bestehende Strukturen hineinzubegeben, also so zu werden wie wir sind, das wollen viele nicht mehr. Die wollen nicht so werden wie wir sind.

Ich muss Sie an der Stelle weiter provozieren, weil nach meiner Wahrnehmung alles weitere genau daran hängt:

Die Organisation Kirche muss sparen, und es wird in den kommenden Monaten und Jahren erst so richtig zu Bewusstsein kommen, was das alles bedeuten muss. Aber ich behaupte: auch wenn wir alles Geld und alles Personal und alle Gebäude wundersam behalten könnten, Kirche käme um eine Transformation 2. Ordnung, also eine tiefgreifende Veränderung nicht herum. Digitalität, die Gesellschaft der Singularitäten, die veränderten Bindungs- und Beziehungseinstellungen, der Wunsch nach Selbstwirksamkeit sind Stichworte. Sie kennen das alle. In der Praxis hat das gravierende Konsequenzen.

Könnte es sein, dass viele in der Kirche die Bedeutung allein von Social Media nach wie vor sehr unterschätzen? Social Media ist kein weiterer Ausspielkanal, kein weiterer Informationskanal. Erst vor 15 Jahren wurde das Smartphone überhaupt erfunden. Es ist nur am Rande dazu da, unterwegs Mails lesen zu können. Nicht nur für meine längst erwachsenen Kinder ist es eine Art Lebensmittel, es gibt Untersuchungen, wonach es für viele eine Art Körperteil ist. Das mag für viele hier, für Sie, auch für mich eine grauenhafte Vorstellung sein, aber für immer mehr Menschen ist genau das die Realität, in der sie leben und mit der sie leben wollen. Und diese Zahl wird zunehmen, und das hat auch Auswirkungen auf das Bindungs- und Beziehungsverhalten. Der Pfarrerin der Nordkirche Josephine Teske folgen auf Instagram 36.000 Menschen und wenn sie dort Andachten feiert, ist der virtuelle Raum dicke gefüllt. Und dann schreibt sie dazu, dass sie das Gefühl hat, dass man dort eine stärkere Gemeinschaft habe als sonntags in der Kirche, weil sie nämlich auf Instagram mit den Menschen wechselseitig kommuniziert. Sie müssen das nicht bejahen, sie können und dürfen das natürlich ausdrücklich für sich anders beschreiben, aber es ist Realität und für immer mehr Menschen ist und wird dies prägend. Es geht mir überhaupt nicht um Wertung: besser, schlechter oder wie auch immer. Aber wir müssen uns diesen veränderten Lebenswelten stellen. Ja, die Zukunft ist ungewiss, ja klar, aber dass sie einfach die Verlängerung unserer gewohnten Vergangenheit sein wird, das ist eine Einrede, die aus meiner Sicht an der Realität der letzten und erst recht den Möglichkeiten für die kommenden Jahre völlig vorbei geht.

Mein Antwortversuch auf ihre Frage: "Welche Kirche braucht es künftig, damit Menschen gerne Christ werden und Christ bleiben?" lautet: Es braucht eine **Kirche der Menschen**.

Und um das zu werden bzw. zu sein, müssen wir ganz viel verlernen und das ist mit das Schwerste, was in Veränderungsprozessen zu passieren hat.

Es braucht eine Kirche der Menschen, die nicht mehr unterscheidet zwischen einem „Wir“ = die Kirche, und anderen Menschen. Nicht „wir“ auf der einen und „die“ auf einer anderen Seite. Wenn Sie von Kirche reden, wen meinen Sie denn dann? Die, die den Glauben haben, oder ein Amt? Meinen Sie nur die Hauptamtlichen und die Ehrenamtlichen? Mit die stärksten Sätze von PuK sind für mich bei der Beschreibung Ihres 2. Perspektivwechsel zu lesen. Da haben Sie festgehalten, ich zitiere Sie: „Wenn wir von Menschen in Kirche als „Zielgruppe“ oder gar „Kunden“ denken, dann impliziert dies schon eine Passivität auf der einen und eine Überforderung auf der anderen Seite“.

Ich empfinde das als einen Kernsatz, denn er führt uns vor Augen, PuK, nein, Sie selbst führen vor Augen: Geht weg von diesem „Wir“ und „die, von diesem Denken in Subjekte die einen und Objekte die anderen Menschen.

Und jetzt denken Sie bitte mal an Ihre bisherigen Gespräche heute: Haben Sie in Zielgruppen gedacht, in Angeboten der Kirche (und wieder: wer ist da Kirche?), was „wir“ als Kirche tun müssten? Und wenn Sie mitunter so geredet und gedacht haben, wie lange brauchen Sie bis sich das Gefühl der Überforderung einstellt?

Für mich hat Landesbischof Meister aus Hannover diese – wie ich sie nenne: „Kirche der Menschen“ in einem Video vor kurzem als einen Weg beschrieben, der darin besteht, Zitat: „Von meiner Kirche, meinem Gemeindehaus, meinem Pfarrer … hin zu – „alles gehört dem ganzen Dorf, gehört dem ganzen Quartier, gehört der Nachbarschaft … es ist Euer Gemeindehaus“ und Du kannst es für die Aufgaben, die Du hier siehst, nutzen“. Und das, was Landesbischof Meister hier vorschwebt, das ist in Stuttgart in der katholischen Gemeinde St. Maria schon Realität. Auf deren Homepage werden Sie empfangen mit den Worten: „Wir haben eine Kirche, haben Sie eine Idee? Mit dieser Frage wandte sich die Kirche St. Maria 2017 an die Menschen der Stadt Stuttgart und bekam als Antwort eine Vielzahl an Ideen zurück. Was eine Kirche außer Gottesdienstraum noch sein kann, wird seitdem erprobt. St. Maria als Theater, Café, Veranstaltungsraum, Kulisse, Installation, Plattform, Galerie, Marktplatz, Treffpunkt – aber vor allem: St. Maria als Prozess, als Raum des Miteinanders, den wir stetig weiter gemeinsam ausprobieren wollen“. So steht es auf der Homepage. Alle sollen zu Subjekten des kirchlichen Handelns werden, darum geht es.

Aber jetzt: Wo bleibt da Christus, wo bleibt Gott? Sind wir da nicht undeutlich, werden wir da nicht undeutlich? Und wieder meine Frage: Wer ist da das „Wir“? Und meine Erfahrung:

Ich habe vor einiger Zeit meinen Bruder verloren. Er hatte jahrelang ALS, die schreckliche Krankheit an der auch Stephen Hawkings gestorben ist. Völlig gelähmt, gefangen im eigenen Körper, künstlich ernährt und künstlich beatmet. Maschinen hielten ihn am Leben. An seinem Sterbebett durfte ich ihn begleiten und schauen, dass auch alles so vollzogen wurde wie er es wollte, denn, so hatte er es mit der Augensteuerung seines Computers uns aufgetragen: Er wollte seine letzten Minuten nicht bewusstlos erleben, sondern bei Bewusstsein sterben. So wollte er den „Weitsprung in die Ewigkeit“ antreten. So nannte er das und so glaubte er das: „Weitsprung in die Ewigkeit“. Er, der seit Jahren völlig Gelähmte war auf dem Sprung in die Ewigkeit.

Und da saß ich nun, der Pfarrer, und sah ihn, den Informatiker, und bin überwältigt worden von seinem Glauben: „Weitsprung in die Ewigkeit“. Am Abend habe ich auf Social Media meine Traurigkeit geteilt und bekam – und bekam hunderte von Gebeten zurück und unzählige Lebensgeschichten und Glaubensgeschichten und Gotteserfahrungen. Nein, die waren nicht alle sprachlich an unseren Bekenntnissen entlang ausgerichtet, und auch nicht so christologisch formuliert wie das für meinen Glauben wichtig ist, - aber überwältigend. In der digitalen Welt wird erzählt, wird ganz viel Lebensgeschichte, Glaubensgeschichte geteilt- miteinander. Vor allem im Zentrum für Kirchenentwicklung in Zürich wird davon gesprochen wie religionsproduktiv Menschen heute sind und das Zeitalter der Digitalität scheint das zu befördern bzw. macht es so richtig sichtbar. Mir ist das eigentlich suspekt. Ich komme von der Theologie von Karl Barth her und da hat man schon mit so einem Begriff „Religionsproduktivität“ so seine Schwierigkeiten. Aber wenn ich ehrlich bin, stand dahinter bei mir die Haltung, anderen zu wenig zuzutrauen und mir zu viel zuzumuten. Mir ist da erst wirklich bewusst geworden, was Eberhard Jüngel und Karl Barth in ihrer Theologie gemeint haben mit der Aussage, dass Kirche vor allem eine Erzählgemeinschaft sei und warum Karl Barth, der Schweizer Theologe 1934 in seiner Schrift „Der Christ als Zeuge“ Aussagen so betont wie: Gott wird dafür sorgen, dass inmitten all dieses Fragens und Suchens Menschen die, wie er es nennt, Mächtigkeit gegeben ist, anderen Menschen……Gott in Erinnerung zu rufen und dann sagt er: „Wo menschliches Wort diese Mächtigkeit hat, da ist die Kirche“.

"Welche Kirche braucht es künftig, damit Menschen gerne Christ werden und Christ bleiben?" – meine Antwort: So eine Kirche der Menschen, die als Erzählgemeinschaft eben vielfältigen Erzählungen Raum gibt, d.h. nicht die einen sind Subjekte und die anderen Objekte, sondern wir lassen einander erzählen, wir lassen machen, wir lassen zu. Ja, wir feiern dann auch miteinander, wir singen miteinander, klar.

Aber wir haben das Zutrauen, dass alle mit ihren Erzählungen Resonanzen des Glaubens erzeugen und selber Resonanzen unseres Gottes in sich tragen können. Das „wir" sind dann alle Getauften und noch nicht Getaufte, und Getaufte, aber leider Ausgetretene, alle. Da geht es nicht um Amt und Autorität, da geht es darum, Hartmut Rosa würde sagen, dass unverfügbare Resonanzen entstehen, indem etwas geschieht durchs einander Wahrnehmen, Hören, Sehen, miteinander teilen. Wir trauen allen etwas zu. Das auszustrahlen, das zu leben, das verändert. Das kennen Sie doch, oder? Da blühen wir doch selber auf. Zutrauen, vertrauen, machen - lassen. Die Selbstwirksamkeit von Menschen stärken: Wir haben eine Kirche – haben Sie eine Idee?

Und natürlich werden nicht alle erzählen wollen, natürlich werden genügend in Distanz sein und bleiben wollen. Das ist völlig in Ordnung und verstehen Sie mich bitte nicht falsch: Kirche muss als organisierte Gemeinschaft vermittelt durch Leitungsorgane ihre Stimme erheben für andere und mit anderen. Und Menschen der Kirche tun so viel tatkräftig in und für die Gesellschaft, für Menschen in nah und fern. Das steht außer Frage. Aber als Menschen, denen Kirche wichtig ist, sagen Ihre beiden Perspektivwechsel vor allem auch: Wir, wir Menschen, denen Kirche wichtig ist, versuchen mit neuen Haltungen Teil dieser Welt zu sein.

- Wir fragen, oder noch besser: wir hören einfach lange zu.
- Wir lassen zu, wir lassen (andere es anders) machen, wir fördern das Empowerment.
- Wir probieren aus.
- Wir reflektieren.
- Wir freuen uns über unsere Verschiedenheit.

Das, was ich hier an Haltungen aufzähle, kommt nicht von allein, aber es kommt schon gar nicht auf Knopfdruck oder verordnet. Man kann das nicht einfach machen, sondern höchstens nach und nach einüben, erlernen, sich von anderen an- und dann abschauen. Es ist ein weiter Weg.

"Welche Kirche braucht es künftig, damit Menschen gerne Christ werden und Christ bleiben?" – Ihre Perspektivwechsel legen für mich diese Kirche der Menschen mit diesen Haltungen nahe. Sie sind da, ich empfinde das so, als Kirche schon weiter als andere.

Lassen Sie mich nun noch ganz wenige Bemerkungen zur Organisation und Struktur dieser Kirche machen, 4 Minuten noch und dann noch eine ganz kurze Anekdote zum Schluss.

Wenn es stimmt, dass es bei PuK vor allem um Haltungen des Hörens, des Zulassens, des Ermöglichens, des Ausprobierens geht, dann darf, dann muss die Struktur das abbilden:

Ermöglichen und Ausprobieren tun Sie schon ganz viel. Ihre MUT-Projekte – klasse, und das ist ja nur ein Beispiel fürs Ermöglichen bei Ihnen.

Aber, um ehrlich zu sein, strukturell stehen Sie vor gewaltigen Herausforderungen wie alle anderen Kirchen auch und davon steht in PuK bislang noch gar nicht so viel, wenigstens nicht so markant, so deutlich, auch so kontrovers wie das dann auch schnell wird. Ich glaube, dass wir alle noch nicht wissen, wie Kirche sich strukturell weiter entwickeln wird. Wie diese Zukunft der Kirchen in der Struktur aussehen wird, das ist noch unklar. In der EKHN hat die Synode gerade nach langen und sehr intensiven Diskussionen erste, ich betone erste Gesetze dazu beschlossen. Ich nenne ein paar Schlaglichter und vielleicht fragen Sie sich, wo Sie da gerade als Mitglieder der Synode hier stehen.

In der EKHN werden alle Kirchengemeinden zukünftig verbindlich in Nachbarschaftsräumen zusammenarbeiten und dort in einem gemeinsamen Leitungsorgan alle wichtigen Entscheidungen treffen. Das ist eine riesige strukturelle Veränderung.

Ab 2025 bilden sich interprofessionelle Teams, die in diesen Nachbarschaftsräumen arbeiten. Keine Pfarrperson arbeitet mehr für sich alleine. Das wird über 100 Jahre Geschichte ablösen. Und 2030 wird es dann auch noch 25% weniger Pfarrpersonal geben.

In diesen Nachbarschaftsräumen wird es ein gemeinsames Pfarrbüro geben und ein gemeinsames Gebäudekonzept entwickelt. Auch das ist völlig neu. Und ab 2027 werden 20% der gesamtkirchlichen Zuweisungen für Gebäude gekürzt, die EKHN muss auch sparen, viel.

Übrigens nur noch so am Rande: Bei uns werden fast alle Kirchenvorstände von Ehrenamtlichen geleitet. Pfarrpersonen sollen das ausdrücklich nicht machen. Und die Anzahl der Dekanate ist in 30 Jahren von über 60 auf nun 25 zurückgegangen.

Wie profiliert und konzentriert äußert sich Ihre Landeskirche dazu und wann? Es geht dabei nicht um ein schon abgeschlossenes Strukturgebäude, aber bestimmte Richtungsentscheidungen stehen an: In der EKHN gehen all diese Strukturveränderungen einher mit der Aussage: Ihr, Kirche der Menschen vor Ort in den Dekanaten und in den Nachbarschaftsräumen, Ihr entscheidet wie Ihr Kirche lebt. Also geht die Tendenz dahin, dass die zentralen Leitungsorgane zwar weiter versuchen, Ressourcen gerecht zur Verfügung zu stellen. Wie diese vor Ort verwendet werden, entscheidet dann aber mehr und mehr die Kirche der Menschen vor Ort. Die Zentrale entscheidet weniger, die Dekanate und Nachbarschaftsräume mehr. Das ist die Richtung des Weges

Und auf diesem Weg müssen alle lernen: die Gemeinden, die Dekanate, die Verwaltung, die Leitung. Und alle tun dies hoffentlich aus der Haltung heraus: Wir wollen es probieren. Wir kennen noch nicht das Ergebnis, aber wir wollen ermöglichen, dass Kirche der Menschen sich ereignet. Ermöglichungskultur als Basis der Organisation, das strahlt aus.

Sie machen sich Sorgen um die Organisationsgestalt und Organisationskraft der Kirche? Vor ein paar Wochen habe ich Ihnen geholfen, also wenigstens rede ich mir das gerne ein. Mit dieser kleinen Anekdote höre ich auf. Sie steht für vieles, was ich versucht habe, Ihnen eben nahezubringen:

Mein ältester Sohn lebt seit kurzem in München. Er ist dort als Jurist Associate in einer renommierten Großkanzlei und beginnt jetzt richtig viel Geld zu verdienen. Ich habe ihn ausdrücklich gefragt, ob ich das erzählen darf. Er ist 30 Jahre alt und weil er jetzt gut verdient, ist er laut Freiburger Studie einer besonderen Gefahr ausgesetzt, nämlich aus der Organisation Kirche auszutreten. Und damit Sie da nicht so viel Arbeit mit ihm haben, habe ich gedacht, ich mache das, wovon ich eben die ganze Zeit gesprochen habe: ich frage ihn mal, ich höre ihm einfach zu. Seine Antwort war klar und präzise. Nein, für ihn käme ein Austritt nicht in Frage, seine Lebensgefährtin, Assistenzärztin in einer Münchner Klinik auf einer Krebsstation, würde nämlich immer wieder erleben: Christen sterben anders.

Hohe Synode, Kirche der Menschen hat vor allem diese Aufgabe: Raum und Zeit zu geben, zu ermöglichen, dass solche Erzählungen erzählt und gehört werden. Sie sprechen nämlich für sich, sie sind die Glaubenserzählungen, die unsere Kirche tragen, sie tragen so tiefe Gotteserfahrungen in sich.

Die Perspektivwechsel von PuK sind dafür unerlässlich, und sie sind das Herzstück von PuK, dem Sie volle Aufmerksamkeit widmen sollten im Einüben, im Vorleben, damit dieser Satz immer neu Resonanz erzeugen und Wirklichkeit werden kann: Christus. Miteinander. Leben.

„Kirche wandelt sich – in welche Zukunft wollen wir gehen?“

Vortrag am 24.4.2022, Kloster Höchst, Odenwald

Liebe Gemeinschaft hier vor Ort,

Von Karfreitag und Ostern her die Zukunft der Kirche zu bedenken, das hat einen besonderen Reiz, denn damit steht die Mitte unseres Glaubens sofort im Zentrum. Und wenn ich vom Glauben rede, dann meine ich gar nicht so sehr ein subjektives Gefühl, sondern ein Handeln Gottes an mir und anderen, das in mir Glauben weckt. Und darum geht es doch an Ostern: ein Handeln Gottes verändert zuerst unsere Sicht auf das Geschehen des Karfreitags und letztlich die ganze Welt. Tiefer oder größer kann eine Veränderung gar nicht gedacht und erlebt werden als durch Tod und Auferstehung. Und Kirche hat doch im Kern nichts anderes zu tun als diese Botschaft der Veränderung wachzuhalten. Und weil Karfreitag und Ostern, Sterben, Tod und Auferstehung so zentral sind, deshalb sind wir doch als Kirche auch die Profis im Umgang mit Veränderungen. Wir können Menschen in allen Lebenssituationen begleiten und die frohe Botschaft weitersagen. Wir haben Rituale des Lebens, der Feier, der Freude und Rituale, um mit dem Sterben, dem Abschiednehmen, der Trauer umzugehen. Wir machen das, wir können das.

Aber merkwürdig: Wenn es um die Zukunft der Kirche selbst geht, dann spürt man von dieser Professionalität weithin nicht mehr viel. Veränderungen in der Kirche? Eher ängstlich blicken wir nach vorne. Loslassen, Abschied von Gewohnten nehmen, gar mit etwas aufhören oder sterben lassen, damit auch Neues sich ereignen kann, als Organisation Kirche haben wir das noch nicht wirklich gelernt. Das ist meine erste von vier Thesen, über die Sie gerne nachher ins Gespräch kommen können. Die Bibel ist voll von Ab- und Aufbrüchen, von Neuanfängen, von Veränderungen bis hin eben zum österlichen Geschehen. Aber die Organisation Kirche klammert sich vielfach an Vergangenheit, an dem Gewohnten. Und manchmal gewinne ich den Eindruck, dass je mehr wir spüren, dass die Gesellschaft sich verändert, umso mehr wollen wir, dass es wenigstens in der Kirche so bleibt wie es scheinbar schon immer war. Weil das aus meiner Sicht so ist, halten wir als Organisation aber an Strukturen fest, die aus einer ganz anderen Zeit kommen. Ich spitze jetzt sehr stark zu, um zu verdeutlichen um was es mir geht.

Zwischen 1950 und 1980, in dreißig Jahren also, wurden in der alten Bundesrepublik über 5000 Gemeindehäuser eingeweiht, jeden zweiten Tag ein Neues, 30 Jahre lang. Lassen Sie sich das auf der Zunge zergehen: 30 Jahre lang jeden zweiten Tag ein neues Gemeindehaus. Aber dann ist es passiert……

Als ich 1990 im wiedervereinigten Deutschland schon im kirchlichen Dienst war, da waren noch deutlich über 80% der Bevölkerung evangelisch oder katholisch. Wenn ich in 4 oder 5 Jahren aufhöre, werden es noch 45% sein. Die allermeisten Gemeindehäuser haben wir aber nach wie vor als wäre nichts geschehen und das bedeutet, dass immer weniger Gemeindemitglieder immer mehr Geld für den Erhalt der Gebäude aufbringen muss. Und das ist ja nur ein Beispiel, der Wandel ist ja noch dramatischer: Vor 15 Jahren wurde das Smartphone erfunden, erst vor 15 Jahren. Für meine Söhne ist es eine Art Lebensmittel. Untersuchungen nach empfinden viele jüngere Menschen das Smartphone als eine Art Körperteil. Das verändert ihre Vorstellung auch von Bindung, Beziehung, Gemeinschaft. Einer Pfarrerin der Nordkirche folgen auf Instagram über 36.000 Menschen. Wenn dort digital Andacht gefeiert wird, dann sind ganz viele dabei, junge Menschen vor allem. Und die Pfarrerin sagt, dass sie dort mehr Gemeinschaft erlebe als sonntags in einem Gottesdienst in einer Kirche, weil ihre digitale Gemeinde ganz viel miteinander kommuniziere, vor, vor allem aber auch im und nach dem Gottesdienst. Liebe Anwesende, diese Vorstellung von digitaler Gemeinschaft kann Sie befremden, aber meine erste These lautet: Diese Veränderungen müssen wir allesamt sehen, das muss etwas bedeuten für unser Leben als Organisation Kirche. Das muss uns auch dazu bringen, aufhören, etwas abgeben, ja, etwas sterben lassen zu können – aber wir haben das noch nicht gelernt.

Veränderungen verunsichern, das ist normal. So reagiert man überall. Aber was nicht passieren darf, ist nach dem Motto zu verfahren: Als sie das Ziel aus den Augen verloren verdoppelten sie ihre Anstrengungen. Überforderung bei Haupt- und Ehrenamtlichen stellt sich dann ganz schnell ein. Aber wie reagieren wir denn nun? Was ist denn das Ziel? Wie soll Kirche sein? Und vor allem, was tun Sie dazu?

Ich höre immer wieder den Ruf, dass wir als Kirche in Fragen des Glaubens wieder sprachfähig werden müssten. Oder wenigstens sollten wir besser kommunizieren. Ich frage dann immer zurück: Wer ist denn da das „Wir", wer ist das eigentlich: „Kirche"? Die Hauptamtlichen, die Ehrenamtlichen? Sind es also die, die mit recht schon jetzt vielfach sagen, wir können nicht mehr, wir werden weniger, was sollen wir denn auch noch machen?

Meine 2. These leitet sich aus dem Begriff „auf-hören" ab und betont die letzte Silbe. Lassen Sie uns doch hören und vor allem hörfähig werden. Hören auf den Grund unseres Glaubens: die Geschichte Gottes mit uns und dann eben auf die vielen Lebens- und Glaubens- und Gotteserfahrungen, die Menschen erleben. Diese Rede von der Sprachfähigkeit wird ja häufig getragen von einer – wie ich finde – ganz problematischen Subjekt-Objekt Vorstellung. Da sind dann häufig auf der einen Seite die Subjekte und die sollen Anderen, den Objekten, etwas sagen. Da sind die Aktiven und da die Passiven. Da sind die Gebenden, die Redenden und da die Empfangenden, die nur Hörenden. Da werden Angebote gemacht und da ist die Zielgruppe dafür. Da ist Kirche und da sind die Menschen und jetzt muss die Kirche nah zu den Menschen. Aber diese Menschen sind doch vielfach selbst Teil der Kirche.

Landesbischof Meister aus Hannover hat kürzlich in einem Video eine grundlegende Veränderung von Kirche als einen Weg so beschrieben, Zitat: „Von meiner Kirche, meinem Gemeindehaus, hin zu – „alles gehört dem ganzen Dorf, gehört dem ganzen Quartier, gehört der Nachbarschaft … es ist Euer Gemeindehaus“ und Du kannst es für die Aufgaben, die Du hier siehst, nutzen“. Und das, was Landesbischof Meister hier vorschwebt, das ist in Stuttgart in der katholischen Gemeinde St. Maria schon Realität. Auf deren Homepage werden Sie empfangen mit den Worten: „Wir haben eine Kirche, haben Sie eine Idee?“ Mit dieser Frage wandte sich die Kirche St. Maria 2017 an die Menschen der Stadt Stuttgart und bekam als Antwort eine Vielzahl an Ideen zurück. Diese Kirche bleibt ein besonderer geistlicher Ort, der aber von einer Vielzahl von Menschen genutzt wird. Im Hören auf die Menschen hat sich eine völlig neue Form der Beteiligung ergeben. St. Maria ist zu einem völlig neuen Raum des Miteinanders geworden. Alle sollen zu Subjekten des kirchlichen Handelns werden, darum geht es. Und dieses Subjektwerden fängt damit an, dass alle neu aufeinander hören. Das ist meine zweite These: Hören, hörfähig werden, das verändert viel.

Aber: Wo bleibt da Christus, wo bleibt Gott? Sind wir da nicht undeutlich, werden wir da nicht undeutlich? Und wieder meine Frage: Wer ist da das „Wir“? Und meine Erfahrung, in der auch schon meine dritte These anklingt:

Ich habe vor einiger Zeit meinen Bruder verloren. Er hatte jahrelang ALS, die schreckliche Krankheit an der auch Stephen Hawkings gestorben ist. Völlig gelähmt, gefangen im eigenen Körper, künstlich ernährt und künstlich beatmet. Maschinen hielten ihn am Leben. An seinem Sterbebett durfte ich ihn begleiten und schauen, dass auch alles so vollzogen wurde wie er es wollte, denn, so hatte er es mit der Augensteuerung seines Computers uns aufgetragen: Er wollte seine letzten Minuten nicht bewusstlos erleben, sondern bei Bewusstsein sterben. So wollte er den „Weitsprung in die Ewigkeit" antreten. So nannte er das und so glaubte er das: „Weitsprung in die Ewigkeit". Er, der seit Jahren völlig Gelähmte war auf dem Sprung in die Ewigkeit. Und da saß ich nun, der Pfarrer, und sah ihn, den Informatiker, und bin überwältigt worden von seinem Glauben: „Weitsprung in die Ewigkeit". Am Abend habe ich auf Social Media meine Traurigkeit geteilt und bekam – und bekam hunderte von Gebete zurück und unzählige Lebensgeschichten und Glaubensgeschichten und Gotteserfahrungen, die meisten von Menschen, die ich überhaupt nicht kannte. Nein, die waren nicht alle sprachlich an unseren Bekenntnissen entlang ausgerichtet, und auch nicht so christologisch formuliert wie das für meinen Glauben wichtig ist, - aber überwältigend. In der digitalen Welt wird erzählt, wird ganz viel Lebensgeschichte, Glaubensgeschichte geteilt- miteinander. Vor allem im Zentrum für Kirchenentwicklung in Zürich wird davon gesprochen wie religionsproduktiv Menschen heute sind und das Zeitalter der Digitalität scheint das zu befördern bzw. macht es so richtig sichtbar. Mir ist das eigentlich suspekt. Ich komme von der Theologie von Karl Barth her und da hat man schon mit so einem Begriff „Religionsproduktivität" so seine Schwierigkeiten. Aber wenn ich ehrlich bin, stand dahinter bei mir die Haltung, anderen zu wenig zuzutrauen und mir zu viel zuzumuten. Mir ist da erst wirklich bewusst geworden, was Eberhard Jüngel und Karl Barth in ihrer Theologie gemeint haben mit der Aussage, dass Kirche vor allem eine Erzählgemeinschaft sei und warum Karl Barth, der Schweizer Theologe 1934 in seiner Schrift „Der Christ als Zeuge" Aussagen so betont wie: Gott wird dafür sorgen, dass inmitten all dieses Fragens und Suchens Menschen die, wie er es nennt, Mächtigkeit gegeben ist, anderen Menschen......Gott in Erinnerung zu rufen und dann sagt er: „Wo menschliches Wort diese Mächtigkeit hat, da ist die Kirche“.

Wie sieht sie aus, meine Vorstellung von „Kirche der Zukunft“? Für mich ist sie eine **Kirche der Menschen**. Eine Kirche der Menschen, die als Erzählgemeinschaft eben vielfältigen Erzählungen Raum gibt, d.h. nicht die einen sind Subjekte und die anderen Objekte, sondern wir lassen einander erzählen, wir lassen machen, wir lassen zu. Ja, wir feiern dann auch miteinander, wir singen miteinander, klar. Aber wir haben das Zutrauen, dass alle mit ihren Erzählungen Resonanzen des Glaubens erzeugen und selber Resonanzen unseres Gottes in sich tragen können. Das „wir“ sind dann alle Getauften und noch nicht Getaufte, und Getaufte, aber leider Ausgetretene, alle. Da geht es nicht um Amt und Autorität, da geht es darum, Hartmut Rosa würde sagen, dass unverfügbare Resonanzen entstehen, indem sich etwas ereignet durchs einander Wahrnehmen, Hören, Sehen, miteinander teilen. Das ist meine dritte These: Wir ermutigen zum Erzählen, ja, mehr noch, wir ermutigen zum Leben, indem wir allen viel zutrauen. Das auszustrahlen, das zu leben, das verändert. Das kennen Sie doch, oder? Da blühen wir doch selber auf. Zutrauen, vertrauen, machen - lassen. Die Selbstwirksamkeit von Menschen stärken: Wir haben eine Kirche – haben Sie eine Idee?

Und zum Schluss wieder die Frage nach der Struktur der Kirche der Zukunft. Ich kenne sie nicht. Ich weiß nicht, wie das in Zukunft werden wird. Und ich glaube, dass das so genau noch niemand weiß. Wenn, und das ist meine vierte und letzte These, wenn die zukünftige strukturelle Gestalt von Kirche noch unklar ist, dann gilt es, die Gegenwart mit Ausprobieren und Erprobung zu füllen. Die Zukunft der Kirche hat doch genau darin schon längst begonnen. In und durch die Pandemie haben wir als Kirche der Menschen doch ganz viel gelernt und eben ausprobiert. Nicht alles hat geklappt, macht nichts, auch das ist eine wichtige Lernerfahrung. Aber wir waren „Kirche aus dem

Häuschen“ wie Propst Albrecht das genannt hat und wir haben doch ganz viel Neues erlebt und zustande gebracht. Und in der neuen Flüchtlingskrise erleben wir doch auch wieder wie Menschen sich aktiv beteiligen und auf ganz unterschiedliche Art und Weise helfen. Liebe versammelte Gemeinschaft, ich behaupte, dass Leitung in der Kirche keine größere und wichtigere Aufgabe hat als genau das zu ermöglichen und dazu zu ermutigen: Probiert etwas aus, hört zu, lasst Menschen machen, gebt Raum, gebt Zeit, habt Vertrauen und habt Mut. Natürlich gehört dazu dann auch: Gebt Allzuständigkeit aus den Händen, Ihr müsst und sollt nicht immer selber. Eine Kirche der Menschen, in der man einander Mut macht, die ermöglicht, die machen lässt, das ist es für mich.

Und ganz zum Schluss noch eine kleine Anekdote, eine Erzählung, weil mir solche Erzählungen so wichtig sind.

Ostern wirkt. Ostern wirkt mehr als alle Kommunikationsprogramme und Veränderungstheorien.

Mein ältester Sohn lebt seit kurzem in München. Er ist dort als Jurist Associate in einer renommierten Großkanzlei und beginnt jetzt richtig viel Geld zu verdienen. Er ist 30 Jahre alt und weil er jetzt gut verdient, ist er laut Freiburger Studie einer besonderen Gefahr ausgesetzt, nämlich aus der Organisation Kirche auszutreten. Männer in diesem Alter mit diesem Verdienst treten statistisch gesehen überproportional häufig aus der Kirche aus. Seine Antwort auf meine Frage, ob er solche Überlegungen nun auch anstellen würde, war klar und präzise. Nein, für ihn käme ein Austritt nicht in Frage. Seine Lebensgefährtin, Assistenzärztin in einer Münchner Klinik auf einer Krebsstation würde nämlich immer wieder erleben: Christen sterben anders.

Ostern wirkt im Sterben und im Leben, oft unscheinbar, oft im Verborgenen. Aufgabe von Kirche ist es, dass diese Erzählungen eben erzählt werden überall, immer wieder, immer neu.

Das können wir, dann sollten wir es auch machen und vor allem machen lassen und es sich so ereignen <u>lassen</u>. Das ist mein Hoffnungsbild für die Zukunft der Kirche.

„Grenzen der Leitung in laufenden Strukturprozessen“

Vortrag gehalten am 21. März 2022 auf der digitalen Tagung des Netzwerks Digitalisierung, Theologie, Ethik

Liebe Teilnehmende!

Die Welt ist verrückt geworden, nicht erst seit gestern, sondern schon seit langem, aber manche, viele gravierende Veränderungen brauchen Zeit bis sie ins Bewusstsein kommen. Viele Annahmen, von denen ich mal ausgegangen bin, tragen nicht mehr und das betrifft die Welt, die Gesellschaft, die Kirche. Es ändert sich so viel so schnell. Man kommt kaum hinterher, ich komme nicht hinterher.

In diesen Wochen und Monaten wird das an vielen Stellen besonders deutlich und es gibt wahrlich wichtigere Themen als jetzt vor allem auf die Organisation Kirche zu schauen, aber es ist nun das Thema heute.

Ein Beispiel für diese irritierende Veränderungsdynamik also aus dem Bereich von Kirche. Jedes Mal, wenn die Verfasser*innen der sogenannten Freiburger Studie eine Aktualisierung der Prognosen veröffentlichen zeigt sich: Die Annahmen vom Rückgang der Gemeindemitglieder sind nicht mehr deckungsgleich mit der gegenwärtigen Realität. Der Rückgang ist zwischenzeitlich noch größer geworden. Es wird einfach alles ganz schnell ver-rückt. Gewissheiten werden ver-rückt. Und Sie alle kennen diese Verrückungen, ich erspare mir weitere Beispiele.

Wie reagiert nun Leitung und Führung auf diese vielfältigen Veränderungen, wie wird gesteuert?

Seit einiger Zeit versuche ich die Transformationsprozesse von mindestens sieben Landeskirchen kontinuierlich wahrzunehmen. Ich verfolge deren Synoden, ich lese die Papiere dazu, ich spreche mit beteiligten Personen. Als Leiter der Ehrenamtsakademie der EKHN erlebe ich daneben sozusagen hautnah Kirchenvorstände, Dekanatssynoden, Kirchenleitungen.

Meine grundlegende These ist, dass die Herausforderungen für alle sehr ähnlich sind und dass es immer um Ressourcensteuerung <u>und</u> Kirchenentwicklung geht. Wie das gemacht wird, wie das zusammengehalten wird, das ist aber sehr unterschiedlich.

Um es ebenfalls vorweg zu sagen: Mein Optimismus, dass das gut gesteuert wird, dass das gut gesteuert werden kann, hält sich in Grenzen. Es spricht vieles dagegen. Manches davon kennen wir aus dem Change Management überhaupt, manches ist gut protestantisch. Ob Kirchentwicklung und Ressourcensteuerung gut zusammengehen, das ist noch lange nicht entschieden.

Ich werde in den folgenden Minuten zuspitzen, manchmal auch etwas polemisieren. Ich tue das, weil ich so Punkte deutlicher benennen kann. Sie glätten das dann wieder, harmonisieren das, befrieden das. Wunderbar, das ist ja auch Kirche. Also.......

Das erste häufig anzutreffende Muster, mit und in diesen Transformationsprozessen umzugehen, kennen wir aus dem Change Management bestens. Es fallen Sätze wie: „Das normalisiert sich wieder, das sind Ausrutscher, keine Panik, wirst schon sehen". Verleugnen, abwiegeln, kleinreden bis hin zum „sich Tot stellen", Sie können alles entdecken. Es darf nicht sein. Meine Sicherheiten, meine Gewissheiten müssen weiter gelten. Sie finden das auf allen Ebenen von Kirche, und nicht nur bei Leitungen, aus meiner Sicht – leider. Es ist normal für den Umgang mit Veränderungsprozessen, es ist nachvollziehbar, aber es kann lähmen.

Sie hören dann auch Aussagen wie: „Ja, wir haben schon immer schlechte Prognosen gehabt und noch nie sind die auch so eingetroffen", oder: „Sinkt etwa die Kirchensteuer? Nee, also.... kein Grund zur Panik" oder „Wir haben Veränderungen immer gehabt und wir mussten immer schon sparen, das ist nichts Neues".

Sie alle hören diese Sätze, und manche davon sind auch gar nicht falsch. Wir werden jetzt auch am Steuern und am Leiten gehindert, weil die Prognosen, was das Geld angeht, oft genug wirklich zu negativ angesetzt waren. Ein gewisses Glaubwürdigkeitsproblem lässt sich kaum leugnen.

Aber es geht ja gar nicht nur um das Geld bzw. die Ressourcenfrage generell. In allen gegenwärtigen Transformationsprozessen spielt in unterschiedlicher Gewichtung und Vorgehensweise die Frage nach der Kirchenentwicklung eine ebenfalls große Rolle. Ich selbst würde ja formulieren, dass auch wenn wir alles Geld und alles Personal und alle Gebäude wundersam behalten könnten, wir kämen um eine Transformation 2. Ordnung, also eine tiefgreifende Veränderung nicht herum. Digitalität, die Gesellschaft der Singularitäten, die veränderten Bindungs- und Beziehungseinstellungen sind Stichworte. Auch das kennen Sie alle. Ich beschränke mich auf eine Konkretion. Immer wieder hört man Sätze wie „Kirche nah bei den Menschen", klingt gut, kann ich nur unterschreiben. Aber dann fällt auf, dass gerade auch bei Leitungen in der Kirche kaum gewusst, geschweige denn gelebt wird, was z.B. Social Media heute alles bedeuten kann. Social Media wird da häufig allenfalls als ein weiterer Ausspielkanal verwendet, als Möglichkeit der Information anstelle langweiliger Kolumnen in Tageszeitungen, die das längst nicht mehr abdrucken oder selbst gar nicht mehr existieren. Ich spitze zu: Auch bei Mitgliedern von Kirchenleitungen findet sich hierzu mitunter geradezu eine neue Form des Analphabetismus. Vor 15 Jahren wurde das Smartphone erfunden. Es ist nur am Rande dazu da, unterwegs Mails lesen zu können. Nicht nur für meine Kinder ist es eine Art Lebensmittel, es gibt Untersuchungen, wonach es für viele eine Art Körperteil ist. Leitungen in der Kirche sprechen in der Kirchenentwicklung davon, dass Kirche „nah bei den Menschen sei, oder ist oder bleiben solle“, aber sie verstehen mitunter auch nicht ansatzweise, was auf diesem Gebiet in den letzten 15 Jahren passiert ist und noch weniger, was da in den nächsten Jahren alles passieren könnte. Die Zukunft ist ungewiss, ja klar, aber dass sie einfach die Verlängerung der Vergangenheit sein wird, das ist eine Einrede, die aus meiner Sicht an der Realität der letzten und der Möglichkeiten für die kommenden Jahre völlig vorbei geht.

Nah bei den Menschen sein – das müsste für die Leitung bedeuten, dass man die Lebenswelten der Menschen so ernst nimmt, dass man sich in ihnen auskennt oder die Erfahrungen konsequent in die Leitungsgremien hineinholt. Dann aber wird die Notwendigkeit, sich selbst zu verändern noch deutlicher, denn diese Vielfalt an Lebenswelten stellt die eigene Sicht auf Welt und Kirche doch deutlich in Frage. Dann also in sicherer Distanz bleiben?

Verweigerung, abwiegeln, kleinreden, es ist eine Form des Umgangs mit Veränderungen letztlich, um sich selbst nicht verändern zu müssen, es nervt.

Wenn das nicht mehr geht, dann können Sie häufig eine zweite Steuerungslogik am Werke sehen und die ist weit verbreitet.

Wie eine Ressourcensteuerung ohne Bild von Kirche der Zukunft, ohne Kirchenentwicklung aussieht, das beschreibt Prof. Sabrina Müller aus Zürich mit den Begriffen „Abbau bzw. der Status quo“, der einhergeht mit einer von ihr so genannten „Traditionalismus-Falle im Kirchenverständnis“. Merkmale sind: „Angebotsorientierung, Gebäudeorientierung, Gottesdienstorientierung, Pfarrzentrierung, Professionalisierung, Mitgliederorientierung im Sinne einer Fokussierung auf die Zahlen“ und ist bestimmt durch einen „langsamen (im Moment beschleunigten) Abbau durch Kirchenaustritte, schwindende Finanzen"... mit „Fusionen, Ausbau der Organisationsstruktur, Ausdünnung der örtlichen Präsenz, übermäßigen Aktivismus,...". Ich bin mir ziemlich sicher, dass Sie das auch alle kennen.

Leitungen, die sich in dieser Falle befinden, kümmern sich vor allem darum, wie sie das Alte, also die vorher bestimmenden Ausdrucksformen der Institution irgendwie noch erhalten können.

Und jetzt komme ich mit dem Soziologen Hartmut Rosa und dessen Gesellschaftsanalyse und sage: Wenn Kirche sich in der Transformation vor allem oder gar allein der von ihm so trefflich beschriebenen Steigerungs- und Optimierungslogik verpflichtet fühlt, also: wir müssen besser werden, wir müssen es richtiger machen oder so ähnlich, dann sind wir mit Rosa auf der Seite der zunehmenden Entfremdung. Diese Logiken führen nach ihm zu Entfremdung. Und genauso nehme ich die Reaktion von vielen Menschen innerhalb der Kirche wahr: Das Gefühl der Entfremdung wächst. Ja, wir leben von den kirchensteuerzahlenden Kirchenmitgliedern, aber wenn wir den Eindruck erwecken, dass das Stichwort „Mitgliederorientierung" vor allem wegen des Erhalts der Organisation gestärkt werden müsse, dann passiert aus meiner Sicht möglicherweise genau das Gegenteil, nämlich die Stärkung eines Unbehagens und dem Gefühl, dass das doch nicht alles sein dürfe und sein könne. „Wir sind doch Kirche", kann man dann hören.

Den Hauptgrund im Anwenden dieser Optimierungs- und Steigerungslogik sehe ich in den Leitungs-Mustern, die die kirchenleitenden Personen auf allen Ebenen von Kirche mitbringen: So haben wir das in den letzten 30 – 40 Jahren doch auch gemacht. Sparrunden mit dem Rasenmäher, alle müssen sich ein wenig mehr strecken, alle müssen sich ein wenig beschränken, alle müssen etwas abgeben und dann bleibt letztlich alles beim Alten und es geht weiter. Stimmt ja auch, das hat funktioniert. Ich will das gar nicht bestreiten, aber: Nun herrscht weithin das Gefühl vor, dass die alten Muster nicht mehr funktionieren.

Auch deswegen haben der Begriff und die Vorstellung der „Kirchenentwicklung" gerade so ein Gewicht. Es muss sich mehr verändern als bisher im Sinne einer Optimierung. Für die Ressourcensteuerung heißt das: Prioritäten setzen, Posterioritäten benennen. Und jetzt wird es richtig spannend, denn wenn das bisher von mir beschriebene das alte und nach wir vor dominierende Muster ist, wie sieht dann das neue Muster aus? Was kommt anstelle der Optimierungs- und Steigerungslogik? Und weil die Ressourcen ja knapper werden, wie kann man denn eine Verbindung hinbekommen zwischen einer Kirchenentwicklung, die anders ist als die Fortschreibung des Status Quo und zugleich einer mehr denn je offenbar notwendigen Ressourcensteuerung, also dem Einsparen von erheblichen Mitteln, eben von Ressourcen?

Ich kann aus der Wahrnehmung der Transformationsprozesse und gepaart mit meiner eigenen inzwischen gewonnenen Grundüberzeugung eine ganz klare und eindeutige Antwort darauf geben. Sie besteht aus nur vier Wörtern und lautet:

„Ich weiß es nicht".

So fängt das neue Muster an: „Ich weiß es nicht" und es lebt schon an verschiedenen Orten und in verschiedenen Gegenden unserer Kirche. Die Zukunft der Kirche hat nämlich längst begonnen, an manchen Orten mit Unterstützung der Leitungen, an manchen Orten wegen der Leitung, an manchen Orten trotz der Leitung.

„Ich weiß es nicht". Wir kennen die Zukunft der Kirche (noch) nicht. Das ist die Haltungsveränderung, die zunehmend leben darf und die gleichzeitig so quer steht zu allen, ich polemisiere wieder, vor allem männlichen Bildern der Babyboomer Generation, die häufig gepaart mit patriarchalem Denken sich das nicht eingestehen will: etwas nicht zu wissen, etwas nicht steuern zu können, sich dem Ungewissen aussetzen zu müssen oder gar zu wollen.

Aber in diesem Satz, in dieser Haltung verdichtet sich die Aussage: **Die Führung des Wandelns bedingt den Wandel der Führung.** Die alten Muster abzulegen, sich in dieser Haltung zu beheimaten: „Wir wissen es noch nicht", das bringt dann alles andere mit sich, setzt es sozusagen frei.

Und wieder geht es dann nicht um Programme, sondern um Haltungen. Ich beschreibe ein paar davon und sie fordern uns alle heraus:

- Wir fragen, oder noch besser: wir hören einfach lange zu.
- Wir lassen zu, wir lassen (andere es anders) machen, wir fördern das Empowerment.
- Wir probieren aus.
- Wir reflektieren.
- Wir freuen uns über unsere Verschiedenheit.

Das, was ich hier an Haltungen aufzähle, kommt nicht von allein, aber es kommt schon gar nicht auf Knopfdruck oder verordnet. Man kann das nicht einfach machen, sondern höchstens nach und nach einüben, erlernen, sich von anderen an- und dann abschauen. Es ist ein weiter Weg. Und auf diesem Weg müssen wir auch noch viel verabschieden.

Aus meiner Sicht müssen wir Abschied nehmen von diesem „Wir" und „die", von der Gegenüberstellung von „Kirche" auf der einen und „Welt" oder „Gesellschaft" auf der anderen Seite. Wir müssen Abschied nehmen von unseren Vorstellungen von Bindung und Gemeinschaft, von Dazugehörigkeit und Mitgliedschaft. Ich habe es eingangs gesagt: alles scheint verrückt geworden, alles ist zu ver-rücken.

Wer noch in traditionellen Mustern denkt, dem möchte ich zurufen: Die anderen, so müsste ich ja dann sagen, die anderen werden nicht mehr so werden wie wir sind, sie wollen es nicht. Sie werden sich nicht an unsere Strukturen angleichen und in sie hineinbegeben. Nur wenn sich alle, die Lust und Interesse daran haben, gemeinsam in eine noch ungewisse Richtung und Zukunft bewegen, dann könnte es geschehen: Kirchenentwicklung, die mehr ist als den Status quo noch länger irgendwie festzuhalten.

Und liebe Zuhörende, Aufbrüche in dieser Richtung sind da, ganz starke Signale und noch mehr als nur Signale: die Zukunft einer solchen Kirche hat längst begonnen. Sie alle kennen Landeskirchen, die auf Erprobungsräume setzen und Innovationsfonds einsetzen. Schauen Sie sich die sogenannten MUT-Projekte in Bayern an, das Buch, das die Evangelische Kirche in Mitteldeutschland gerade herausgegeben hat. Schauen Sie sich an, dass die Nordkirche ihren Prozess auch mit einem sogenannten Innovationshorizont bestreitet, großartig. Überall wachsen Ideen und wird ausprobiert in Gemeinden und Kirchenkreisen und Dekanaten. Die Landeskirche von Hannover schickt in ihrem Prozess Forscher- und Expeditionsteams los, die EKKW hat gerade über 1500 Menschen versammelt, die mitgeredet haben über den Auftrag der Kirche, die Bayern haben tausende von Menschen in ihrem Prozess „Profil und Konzentration“ gehabt, die ihre Stimmen erhoben haben. Und Landesbischof Meister sagt in einem Interview: „Unsere Gebäude, die Kirchen und Gemeindehäuser gehören letztlich nicht uns, sondern den Menschen, die dort leben“. Ich finde das wunderbar. Alles gehört allen Menschen und alle Menschen sollen Teilhabe daran haben und selbstbestimmt, selbstwirksam alles mit Leben füllen.

Als ich diese Worte auch in einem Video gesehen und gehört habe, da ist mir noch etwas anderes eingefallen, um diese Haltung zu beschreiben: Hier kommt Vertrauen und Zutrauen zum Ausdruck und als Person schlicht und einfach: Mut.

Diesen Mut wünsche ich mir auch von anderen, von vielen, gerade auch von Babyboomern. Nicht auf den eigenen Ruhestand warten und bis dahin nur noch verwalten, sondern mutig mit eigenen Haltungsänderungen vorangehen. Und wer selbst keine Idee hat oder keinen Mut oder kein Zutrauen oder Vertrauen, der soll wenigstens die Größe beweisen, andere machen zu lassen, andere ran zu lassen.

Und jetzt komme ich langsam zum Schluss und schaue nochmal auf die andere Seite. Nochmal zur Erinnerung: Ich behaupte, dass beides untrennbar zusammengehört: Kirchenentwicklung und Ressourcensteuerung.

Zur Kirchenentwicklung habe ich gesagt, dass sie aus meiner Sicht und nach meinen Wahrnehmungen aus der Haltung des „Wir wissen es noch nicht“ leben sollte. Das setzt dann andere Haltungen frei, die letztlich alle darin zu bündeln sind, Menschen als Subjekte des Handelns wahrzunehmen und nicht als Objekte, für die wir, wer ist denn da schon wieder dieses „Wir“?, etwas tun. Wer noch so denkt, der behandelt Menschen als defizitär und behauptet von sich selbst zu wissen, was gut und was richtig sei. „Wir wissen es noch nicht“ öffnet für den anderen Weg: Lasst uns alle gemeinsam fragen und suchen und ausprobieren und erproben und reflektieren.

Übrigens: Sie können klar erkennen, ob diese Haltungen Einzug halten.

Wir ändern dann nämlich unseren Diskussionsstil. Also in Diskussionen werden dann nicht mehr vor allem Gründe genannt, warum etwas nicht geht, nicht funktioniert, und schon gar nicht die alten Geschichten herausgewürgt, das man das schon vor 20 Jahren als Gemeindepfarrer gemacht habe und es sei nicht gegangen. Alle beteiligen sich an der Suche nach Wegen, wie es denn gehen könne als Versuch, als Experiment, als weitere Schritte auf dem Weg.

Das setzt aus meiner Sicht Kirchenentwicklung frei. Und ich vertraue einfach darauf, dass nach wie vor gilt, was Karl Barth schon 1934 in „der Christ als Zeuge“ zu sagen wusste: Gott wird dafür sorgen, dass inmitten all dieses Fragens und Suchens Menschen die, wie er es nennt, Mächtigkeit gegeben ist, anderen Menschen……Gott in Erinnerung zu rufen. „Wo menschliches Wort diese Mächtigkeit hat, da ist die Kirche“.

Da ist Kirchenentwicklung in guten Händen. Jetzt geht es mir ganz kurz zum Schluss nochmal um die Ressourcensteuerung. Die badische Landeskirche schaut nicht nur wie andere das tun bis ins Jahr 2030 oder 2032, sondern auch darüber hinaus. Das ist wichtig. Und da tun sich dann weitere Abgründe gerade bezüglich der Gebäude auf. Aber alle Reformprozesse, die auch nur ansatzweise mit einer Jahreszahl operieren und meinen, dass dann irgendetwas erreicht sei, was Bestand haben könnte, die irren und die führen in die Irre. Ich habe eben vom Mut gesprochen. Liebe Zuhörende, nicht erst 2060, sondern wesentlich früher wird sich die Evangelische Kirche zahlenmäßig halbiert haben, wenn die Linien auch nur annähernd so weiterlaufen wie neuerdings. Wenn es nicht so schlimm wird, dann ist es gut, aber wenn die Abbrüche so weitergehen, oder sogar noch dramatischer werden, dann ist es Aufgabe der Leitung dies als Möglichkeit heute real in Betracht zu ziehen. Dann muss aus meiner Sicht für die Ressourcensteuerung aber gelten, dass es auch da keine alten Gewissheiten mehr geben darf. Die Tabus müssen alle fallen.

OKR Wischmeyer hat nach der Bischofswahl in seiner Heimat getwittert, dass dies möglicherweise die letzte Bischofswahl in Württemberg gewesen sei und auf eine mögliche Fusion mit der badischen Landeskirche gezielt. Ich hoffe das. Und eine Kirche Rhein-Hessen und eine vom Rheinland und Westfalen und der Pfalz kann ich mir für 2040 auch gut vorstellen. Die Nordkirche, die EKBO und die EKM haben es vorgemacht. Verstehen Sie mich nicht falsch. Fusionen sind kein

Allheilmittel für gar nichts. Aber dass wir bei schnell kleiner werdenden Landeskirchen immer mehr Geld für getrennte Leitungen und Verwaltungen ausgeben sollen, das leuchtet mir vor allem deswegen nicht ein, weil ich davon ausgehe, dass zentrale Leitungen und auch Verwaltungen in Zukunft immer weniger zu sagen haben sollten, außer die Ressourcen durch die Synoden gut verteilen zu lassen. Was mit diesen Ressourcen geschieht, entscheiden die Menschen vor Ort. Dort sitzt die Kompetenz für das Leben vor Ort. Punkt.

Behördliche Zuständigkeiten abzubauen, Genehmigungsverfahren zu beenden, das wird aus meiner Sicht ein unverzichtbarer Baustein von Ressourcensteuerung und Kirchenentwicklung sein.

Wer alle Menschen vor Ort einlädt, mitzureden, mitzugestalten, mitzuentscheiden, der darf ruhig auch aufhören, auf der anderen Seite langwierige Genehmigungsverfahren vorzuhalten. Die EKHN hat gerade mit ihrem neu gefassten Regionalgesetz einen wie ich finde wichtigen Schritt in diese Richtung getan. Wenn weitere folgen, gerade auch in der Begrenzung der zentralen Leitung und Verwaltung, ist das ein vorbildlicher Meilenstein im Sinne der Selbstwirksamkeit der Kirche vor Ort und die Digitalität wird uns auch da in dem Verständnis von Veränderungen helfen, u.a. um von einem rein geographisch besetzten Raumbegriff loszukommen und auch neue Bindungs- und Beziehungsformen auszuleben.

Ja, wir werden weniger an Ressourcen haben, ja, wir müssen sparen, aber bitte dann doch nur so, dass wir eben darauf setzen: auf die Selbstwirksamkeit einer Kirche vor Ort, die mit einer Haltung unterwegs ist, mit allen Menschen vor Ort gemeinsam der Stadt oder des Dorfes Bestes analog und digital zu suchen.

Für die Zukunft, und sie hat schon begonnen, wage ich zuspitzend die Hypothese: Es leiten vor allem die, die die Kirchenentwicklung betreiben, die für das Offene, das Transparente, das Vernetzende und

Kooperative stehen. Die Kirchenleitungen verteilen nur noch Ressourcen. Leiten werden die, die machen, die ausprobieren nachdem sie miteinander gesprochen und wahrscheinlich auch gerungen haben.

Für mich ist das ein Grund mehr, sich auf die Kirche der Zukunft zu freuen, auch wenn wir noch nicht wissen, wie sie aussieht und wie sie heraufzieht. Aber, ich darf es nochmal sagen: Die Zukunft der Kirche hat an vielen Stellen längst begonnen.

Kirchenvorstandswahl (völlig) neu gestalten

Ein praktisches Beispiel für aus meiner Sicht mögliche und vielleicht auch notwendige Veränderungen, für Exnovation und Innovation und ein ambidextrisches Handeln sind die Kirchenvorstandswahlen.

Seit der Nachkriegszeit leben die Kirchenwahlen von der engen Anbindung an das staatliche Wahlrecht. Gleichzeitig werden sie in der Realität seit vielen Jahren ausgehöhlt durch die Tatsache, dass in immer weniger Gemeinden Listen mit mehr Kandidierenden als zu vergebenden Plätze aufgestellt werden können, in vielen Landeskirchen in vielen Gemeinden gar keine Wahl mehr stattfindet und in allen Landeskirchen die Zahl der Mitglieder im Kirchenvorstand immer weiter verringert wird, um überhaupt noch ein Leitungsorgan besetzen zu können. Nach der letzten Wahl in der EKHN habe ich versucht, das bisherige Wahlrecht kritisch zu hinterfragen und die Möglichkeit einer Exnovation durch eine Innovation anzudeuten. Gleichzeitig markiert diese Möglichkeit eine Optimierung des bisherigen Systems und doch gleichzeitig auch einen völligen Umbruch.

Hier die Überlegungen: [235]

Wenn man den Erfolg einer Kirchenvorstandswahl an der Wahlbeteiligung misst, dann war die letzte Wahl in der Evangelischen Kirchen in Hessen und Nassau ein Erfolg. Am 13. Juni 2021 stieg die Wahlbeteiligung um über 25% gegenüber den letzten Wahlen im Jahr 2015. Ja, mit absolut knapp über 24% Beteiligung war sie sogar höher als in den letzten 3 Jahrzehnten. Und wenn nicht nur 2/3, sondern alle Gemeinden sich für die allgemeine Briefwahl entschieden hätten, dann wäre sie sogar noch weiter geklettert.

---

[235] Veröffentlicht in: Hessisches Pfarrerblatt 5/2021, S. 171-174

Und ja, es stimmt auch: fast alle Gemeinden haben es geschafft, diese Wahl durchzuführen, d.h. es haben sich genügend Kandidierende im Vorfeld gefunden, damit das Leitungsorgan vor Ort auch erneut vollständig besetzt werden konnte. Auch das kann man sicher als Erfolg werten.

Ein zweiter Blick aber zeigt noch ganz anderes. Die Wahlbeteiligung ist allein durch die allgemeine Briefwahl gestiegen und nicht etwa, weil ein gestiegenes Bindungsverhalten auszumachen ist. Gerade weil es in der EKHN auch noch 1/3 der Gemeinden gab, die ein Wahllokal mit Urnenwahl bzw. Briefwahl auf Antrag angeboten haben, kann man wunderbar sehen, dass in Gemeinden mit dieser traditionellen Wahlform keine Veränderung der Wahlbeteiligung festzustellen war, wenigstens nicht nach oben. Und auch die in rund 10% der Gemeinden angebotene Onlinewahl hat zwar großes Interesse ausgelöst, eine signifikante Steigerung der Wahlbeteiligung lässt sich aber durch sie nicht feststellen. Das alles deckt sich mit Befunden z.B. aus der kurhessischen Kirche oder, was die allgemeine Briefwahl angeht, auch mit Erkenntnissen aus anderen Landeskirchen. Die Leute wählen offenbar gerne ohne großen Aufwand „vom Küchentisch" aus.

Und auch wenn die Wahl in fast allen Gemeinden durchgeführt werden konnte, so ist doch besonders zu verzeichnen, dass in über der Hälfte der Gemeinden nicht nur die Größe des Kirchenvorstandes im Vorfeld reduziert wurde, sondern in ebenfalls etwas über der Hälfte der Gemeinden die Möglichkeit ergriffen wurde, nicht mehr Kandidierende aufzustellen als zu wählen waren. Dieser Modus ist in der EKHN zum ersten Mal eingeführt worden. Die Ermöglichung war schon in der Synode heftig diskutiert worden. Das Argument gegen diese Einführung war vor allem, dass eine Auswahl unter Kandidierenden ein wesentliches Element einer Wahl sei. Und auch in Gemeinden und in Rückmeldungen überhaupt wurde dies immer wieder beanstandet: „So ist es doch keine richtige Wahl mehr". Aber in vielen Gemeinden wurde genauso gewählt.

Nach Erfahrungen aus anderen Landeskirchen ist davon auszugehen, dass diese Tendenz eher noch zunehmen wird. Immer weniger Gemeinden werden die Möglichkeit haben, mehr Kandidierende aufzustellen als Sitze zu besetzen sind. Dann aber stellen sich mehr denn je Fragen wie, ob sich sowohl der immense Aufwand lohnt als auch ob die Kirchen gut beraten sind, an dem staatsanalogen Wahlverfahren und der darauf aufbauenden Gesetzgebung festzuhalten. Denn gerade diese „Anlehnung" bringt zwangsläufig Wahlgesetze hervor, die vom Aufwand her für die Wahl eines Kirchenvorstands immer weniger einleuchten, wenn es mehr und mehr „nur" um die Bestätigung einer Liste geht. Entscheidend für eine Abkehr von diesem Wahlvorgang ist aber, dass es durch die Digitalisierung neue Formen der Partizipation an Wahlen gibt, die es konsequent zu nutzen gilt.

Aus diesen Gründen wird hier in sieben Thesen sowohl eine andere Wahlform befürwortet als auch die Abkehr von den staatsanalogen Wahlen begründet.

1. In Zukunft soll ein Kirchenvorstand in einer hybrid (!) veranstalteten Gemeindeversammlung gewählt werden. Der hybride Charakter würde sicherstellen, dass alle Wahlberechtigten einer Gemeinde (geheim, frei und unmittelbar) mitwählen könnten. Diese Möglichkeit sollte in jedem Fall gewährleistet werden. Gleichzeitig ist die Gemeindeversammlung aber die Wahlform, in der ein vergleichsweise geringer Aufwand und der notwendige Ertrag, nämlich die Wahl eines funktionsfähigen und legitimierten Leitungsorgan in einer guten Balance stehen. Ein gewünschter Nebeneffekt schon auf dem Weg hin zu den nächsten Wahlen wäre, dass die Gemeinden mit der Ermöglichung von hybriden Veranstaltungen einen weiteren Digitalisierungsschub erleben würden. Gerade das Durchführen von technisch gut

gestalteten hybriden Veranstaltungen wird der Kirche, den Gemeinden eine Vielzahl an Bindungsmöglichkeiten eröffnen.

2. Gerade weil dann auch der Aufwand für eine hybride Gemeindeversammlung mit Wahlen gegenüber der jetzigen Wahlform wesentlich geringer wäre, könnte die Legislaturperiode zeitlich verkürzt werden und z.B. alle drei Jahre eine solche hybride Gemeindeversammlung mit Wahlen durchgeführt werden. Damit würde man ein oft gehörtes Argument gegen eine Kandidatur aufnehmen: die Länge der Amtszeit von zurzeit sechs Jahren. In unserer Zivilgesellschaft ist dieser Einwand gegen ein freiwilliges Engagement in allen Bereichen messbar: Über eine lange Zeit will man sich in seinem Engagement immer weniger festlegen lassen.

3. Der Aufwand eines staatsanalogen Wahlverfahrens ist nicht mehr gerechtfertigt, wenn z.B. in der EKHN über die Hälfte der Gemeinden schon in 2021 gerade keine Aus-Wahl mehr anbieten können, sondern eine Bestätigung der Liste erbitten (Listenwahl). Die Kirchen sollten aus dieser Entwicklung die Konsequenzen ziehen.

4. Der finanzielle Aufwand für eine allgemeine Briefwahl ist hoch. Für ein Augenblicksereignis erscheint dies ebenfalls als nicht mehr gerechtfertigt. So sind in der EKHN die hohen Kosten von über 2 Millionen Euro vor allem der allgemeinen Briefwahl geschuldet. Hätten sich alle Gemeinden für diese Wahlform entschieden, dann wären die Kosten auf über 3 Millionen Euro gestiegen. Auch auf den Versand von (teuren) Wahlbenachrichtigungen könnte verzichtet werden. Vor dem Hintergrund zurückgehender finanzieller Ressourcen in allen Landeskirchen erscheint der finanzielle Aufwand unverhältnismäßig.

5. Die Kirchenvorstände, die Beschäftigten in den Gemeindebüros, die Hauptamtlichen sind durch ein umfangreiches Wahlgesetz in ihren Energien lange Zeit gebunden und vor allem in den vielen kleinen Gemeinden z.T. überfordert. Das digitale Wahlmodul, die verschiede-

nen angebotenen Wahlformen, die einzuhaltenden Fristen können von Gemeindebüros mit einer Arbeitszeit von z.B. 6 h nicht geleistet werden. Dieses Wahlgesetz lässt sich aber nur begrenzt reduzieren, wenn man am staatsanalogen Grundzug unserer Wahlen festhält.

6. Auch die zentrale Verwaltung muss überall ihren Ressourceneinsatz überprüfen und in vielen Bereichen reduzieren. In der EKHN würden Referat Kirchliche Dienste, IT, Öffentlichkeitsarbeit, Mitgliederorientierung, Sozialforschung und Statistik und Ehrenamtsakademie bei einer durchgreifenden Veränderung des Wahlgesetzes diese Veränderung des Arbeitsanfalls über ca. 2,5 – 3 Jahre deutlich spüren.

7. Die Transformationsprozesse in den Landeskirchen stimmen darin überein, dass die Region, die Dekanate, die Kirchenkreise in ihrer Verantwortung und in ihren Kompetenzen gestärkt werden sollen. In „ekhn2030“ wird den Dekanaten und den Nachbarschaftsräumen gerade auch durch „Gemeinwesen- und Mitgliederorientierung“ eine hohe Kompetenz zugesprochen. Es liegt auf der Linie dieser gewollten Entwicklung, den Dekanaten und Nachbarschaftsräumen auch die Durchführung der Gemeindeversammlung und der Wahlen so zuzutrauen, dass es keine Selbstabschließung einer Kerngemeinde oder ähnliches gibt, ganz im Gegenteil. Gerade durch die Gemeinwesenorientierung in den angedachten Nachbarschaftsräumen ließen sich auch noch ganz andere Beteiligungsformate auch für die Mitarbeit im Kirchenvorstand andenken. Die zentrale Steuerung der Wahlen ließe sich mit der Einführung von hybriden Gemeindeversammlungen deutlich reduzieren. Es wäre z.B. denkbar, dass man keinen „Wahlsonntag“ mehr vorschreibt, sondern einen Wahlmonat, in dem dann diese Gemeindeversammlungen durchgeführt werden.

Literaturverzeichnis

Albrecht, Christian: Einordnungen: Praktisch-theologische Aspekte des Pop-Up-Hochzeitsfestivals in Berlin-Neukölln, in: Segenshochzeiten: Heiraten einfach anders. Eine Auswertung des Pop-Up-Hochzeitsfestivals des Segenbüros in Berlin-Neukölln, hrsg.: Hörsch, Daniel, Midi 2022, S. 76 - 85

Barth, Hans Martin: Einander Priester sein. Allgemeines Priestertum in ökumenischer Weite", Göttingern 1990

Barth, Karl: Christengemeinde und Bürgergemeinde, in: ders., Rechtfertigung und Recht, Christengemeinde und Bürgergemeinde, Zürich 1984, 3. Auflage, S. 49 - 82

Barth, Karl: Gespräche 1963, hrsg. von Drews, Hans-Anton, Zürich 2005

Barth, Karl: Der Christ als Zeuge, in: ders., Gesammelte Vorträge Bd 3. Theologische Fragen und Antworten, Zürich 1986, 2. Auflage, S. 185 - 196

Barth, Karl: Dogmatik im Grundriss, 6. Auflage, Zürich 1983

Bauer, Steffen: Ermöglichen. Kirche im Jahr 2030, Kamen 2020

Bauer, Steffen: Veränderungen gestalten. Kirche systemisch wahrnehmen, 2. Auflage, Kamen 2015

Bauer, Steffen, Rottwilm, Jutta: „Da hat sich jetzt bei uns alles verändert". Das Projekt „Zukunftssicherung der Diakoniestationen" aus Sicht der Organisationsberatung, Friedberg 2011

Baumfeld, Leo: Reflexion zur Exnovation, zum download als pdf hier: www.baumfeld.at/zum-mitnehmen.htm

Beiner, Melanie: Intentionalität und Geschöpflichkeit. Die Bedeutung von Martin Luthers Schrift „Vom unfreien Willen“ für die theologische Anthropologie, Marburg 2000

Bonhoeffer; Dietrich: Widerstand und Ergebung, in: Werke (DBW), Band 8

Dalferth, Ingolf U.: Wirkendes Wort. Bibel, Schrift und Evangelium im Leben der Kirche und im Denken der Theologie, Leipzig 2018

Elhaus, Philipp: Kirche im Erprobungsmodus. Ein neuer Ansatz in der landeskirchlichen Organisationsentwicklung, in: Praktische Theologie 1-2022, S. 38 - 49

Fechtner, Kristian: Diskretes Christentum. Religion und Scham, Gütersloh 2015

Freiwilligensurvey der Bundesregierung. Ergebnisse der repräsentativen Trenderhebung zu Ehrenamt, Freiwilligenarbeit und bürgerschaftlichem Engagement von TNS Infratest Sozialforschung, München 2010

Grethlein, Christian: Kirchentheorie. Kommunikation des Evangeliums im Kontext, Berlin 2018

Grethlein, Christian: Praktische Theologie, Berlin 2016, 2. Auflage

Grözinger, Albrecht: Die Kirche - ist sie noch zu retten? Anstiftungen für das Christentum in postmoderner Gesellschaft, Gütersloh 1998

Hauschild, Eberhard: Kirchliche Strategie ehrenamtlichen/freiwilligen Engagements und die Theologie des Ehrenamtes, in: epd Dokumentation 21, 2013, S. 7-15

Herbst, Michael: „Von den erweckten Gründerpersönlichkeiten zu den begeisterten Gospelchören“. Zur Bedeutung der Frömmigkeit für die Stärkung des Ehrenamts, in: Theologie des Ehrenamts, epd Dokumentation 21, 2013, S. 16 -26

Herbst, Michael, Pompe, Hans-Hermann: Regiolokale Kirchenentwicklung. Wie Gemeinden vom Nebeneinander zum Miteinander kommen können, hrsg. von Ev. Arbeitsstelle midi, Berlin 2022, 5. Auflage

Hermelink, Jan; Weyel, Birgit: Vernetzte Vielfalt, in: Vernetzte Vielfalt. Kirche angesichts von Individualisierung und Säkularisierung, hrsg. von Heinrich Bedford-Strohm und Volker Jung, Gütersloh 2015, S. 16-32

Hermelink, Jan: Spielräume der Kirchenleitung. Studien zu Praxis und Theorie kybernetischer Inszenierung, Stuttgart 2022

Hörsch, Daniel (Hrsg.): Segenshochzeiten: Heiraten einfach anders. Eine Auswertung des Pop-Up-Hochzeitsfestivals des Segenbüros in Berlin-Neukölln, Midi 2022

Huber, Stefan: Kommentar: Gott ist tot! Tatsächlich? Transzendenzerfahrungen und Transzendenzglaube im Albus 2012, in: Vernetzte Vielfalt. Kirche angesichts von Individualisierung und Säkularisierung, hrsg. von Heinrich Bedford-Strohm und Volker Jung, Gütersloh 2015, S. 267 - 276

Jüngel, Eberhard: Die Welt als Möglichkeit und Wirklichkeit. Zum ontologischen Ansatz der Rechtfertigungslehre, in: ders. Unterwegs zur Sache. Theologische Bemerkungen, München 1988, S. 206 -233

Jüngel, Eberhard: Erfahrungen mit der Erfahrung. Unterwegs bemerkt, Stuttgart 2008

Kaufmann, Thomas: An den christlichen Adel deutscher Nationen von des christlichen Standes Besserung, Tübingen 2016

Kunz, Ralph, Zeindler, Matthias (Hg): Alle sind gefragt. Das Priestertum aller Gläubigen heute, Zürich 2018

Kropp, Cordula: Exnovation – Nachhaltige Innovationen als Prozesse der Abschaffung, zum download als pdf hier: metropolis-verlag.de

Lämmlin, Georg: Schlüsselfaktoren für Gemeindeentwicklung. Empirische Beobachtungen und weiterführende Überlegungen, in: Was braucht die Gemeinde. Zum Wechselspiel zwischen kirchlichen Transformationsprozessen und Ekklesiologie, hrsg. von Meyns, Christoph und Raatz, Georg, Leipzig 2022

Lämmlin, Georg: Digitalisierung – nur ein Modewort?, in: Gemeinde leiten 4/2022, S. 2-3

Leppin, Volker: Priestertum aller Gläubigen. Amt und Ehrenamt in der lutherischen Kirche, in: Luther heute. Ausstrahlungen der Wittenberger Reformation, hrsg. von Heckel, Kampmann, Leppin, Schwöbel, Tübingen 2017, S. 149 - 169

Mostert, Walter: Jesus Christus – Anfänger und Vollender des Glaubens. Eine evangelische Lehre von der Kirche, Zürich 2006

Mulia, Christian: Kirchenvorstandsarbeit. Dimensionen und Spannungsfelder einer spätmodernen Gemeindeleitung, Leipzig 2020

Müller, Sabrina: Gelebte Theologie. Impulse für eine Pastoraltheologie des Empowerments, Zürich 2019

Müller, Sabrina: Öffentliche Kommunikation christlicher Sinnfluencer:innen, in Pastoraltheologie 2022/6, S. 203 – 218

Nordkirche: „Synodenreader zum Zukunftsprozess“ zu finden unter: https://www.nordkirche.de/dossier-zukunftsprozess

Obenauer, Silke: Gottes bunte Gnade. Plädoyer für die Wiederentdeckung der Gaben in der Kirche, Münster 2009

Pohl-Patalong, Uta: Übergang ins Offene. Kirche auf der Suche nach ihren spätmodernen Formen, in: Volkskirche in postsäkularer Zeit. Erkundungsgänge und theologische Perspektiven, hrsg. von Beckmayer, Sonja und Mulia, Christian, Stuttgart 2021, S. 413-424

Pohl-Patalong, Uta: Kirche gestalten. Wie die Zukunft gelingen kann, Gütersloh 2021.

Reckwitz, Andreas: Das Ende der Illusionen, Berlin 2019

Reckwitz, Andreas: Die Gesellschaft der Singularitäten, Berlin 2019

Reckwitz, Andreas; Rosa, Hartmut: Spätmoderne in der Krise. Was leistet die Gesellschaftstheorie?, Berlin 2021

Rosa, Hartmut: Resonanz. Eine Soziologie der Weltbeziehung, Berlin 2016

Schleifenbaum, Adrian Micha: Kirche als Akteurin der Zivilgesellschaft. Eine zivilgesellschaftliche Kirchentheorie dargestellt an der Gemeinwesendiakonie und den Fresh Expressions of Church, Göttingen 2021

Schoberth, Wolfgang: Unterwegs zu einem gemeindeorientierten Amtsverständnis: Das „Amt der Einheit“, in: Rothernburger Impulse. Wissenschaftliche Konsultation im Rahmen des Prozesses „Berufsbild: Pfarrerin, Pfarrer“, München 2015, 23-27

Spieß, Tabea; Wegner, Gerhard: Kirchengemeinde als Ort von Religion, Diakonie und Gemeinschaft, in: Vernetzte Vielfalt. Kirche angesichts von Individualisierung und Säkularisierung, hrsg von Heinrich Bedford-Strohm und Volker Jung, Gütersloh 2015, S. 50 - 66

Schramm, Steffen, Hoffmann, Lothar: Gemeinde geht weiter. Theorie und Praxismodelle für kirchliche Leitungskräfte, Stuttgart 2017

Sinnemann, Maria: Kirche, Religion und Engagement in der Zivilgesellschaft Sonderauswertung des fünften Freiwilligensurveys, Baden-Baden 2022

ZiviZ Survey 2017: Vielfalt verstehen, Zusammenhalt stärken, hrsg von ZiviZ, „Zivilgesellschaft in Zahlen“, Berlin 20